情緒使用說明書

理解才是修復的第一步

- 看見情緒 × 理解壓力 × 重建穩定……
- 從反覆焦慮與疲憊中脫身,
- 建立有韌性的內在支持系統

◎你真的有活在你想要的生活裡嗎?
◎你是在追理想,還是在逃離不安?
◎目標很大,為什麼還是覺得空虛?

學會理解自己的情緒、壓力與選擇
你會發現生活其實可以不再只是撐著過!

杜若蘅 著

目 錄

前言 005

第一章
學會處理情緒，才是成熟的開始 009

第二章
能量管理，才是長期穩定的基礎 031

第三章
自信是練出來的感覺 051

第四章
夢想，不只是浪漫的代名詞 069

第五章
你可以現實，但不必悲觀 085

目錄

第六章
真正的關係，不是裝出來的好人緣　　103

第七章
保持正向，看見希望　　121

第八章
比起時間管理，你更需要節奏設計　　141

第九章
失敗，不等於你不夠好　　161

第十章
讓你被看見的不是表現，而是態度　　179

第十一章
金錢與價值觀，是我們每天的心理議題　　195

第十二章
活出自己，不需要被別人定義　　213

前言

你是否曾經這樣問過自己——我明明努力了，為什麼還是覺得空？我對每個人都好好地說話，為什麼內心還是累？我安排了再多計畫、設定了再多目標，為什麼每天醒來卻仍覺得離自己很遠？

在這個資訊快速、節奏緊湊的時代，我們擁有的選擇比以往更多，卻也更常感到混亂。社群媒體上充斥著「活出自我」的口號與「成功方程式」的複製貼上，我們總是被鼓勵要積極、要堅強、要提升效率，彷彿只要願意努力，一切問題都可以解決。但現實往往不是這麼一回事。情緒不會因為你懂得理性就不出現，壓力也不會因為你安排得夠好就不來襲。比起更成功、更正面、更有效率，或許我們更需要學會的，是怎麼更理解自己。

這本書的誕生，正是為了陪你進行一趟這樣的理解旅程。不是為了讓你變得「更好」，而是讓你走得「更貼近自己」。

你將會從書中看見那些日常生活中常被忽略但始終存在的心理訊號。從壓力的生理根源開始，了解它如何不是敵

前言

人，而是提醒訊號；從情緒的湧現，看見背後未被滿足的需求與渴望；從壓抑與爆炸的兩極，走向成熟的表達與情緒調節能力。這不只是心理學的理論，更是與你真實生活貼合的實踐。

書中也將陪你走進自信、自我價值的建立。你會看見，自信不是來自表現得多好，而是從一次次理解與照顧自己中慢慢長出；你會開始發現，夢想不是用來證明自己可以，而是讓你活出你真正想過的樣子。

而當你開始對內在有了穩定的連結，書中將帶你走向人際關係的風景。你會知道，不討好也可以讓人靠近，清楚表達不是為了贏，而是為了真實被理解。我們在關係中受傷，也能在關係中學習重建，前提是，你必須先看見自己是誰。

這不是一本標語式的勵志書，也不是要你變得「積極向上」的自我要求指南。它不會告訴你「情緒是壞的」、「目標要越明確越好」、「人際問題靠說話術就能解決」；相反地，它會陪你慢慢辨認哪些是別人塞給你的標準、哪些才是你真正想過的日子。這是一段「去標籤」的過程，也是一次「找回主權」的開始。

我們會談如何設計生活節奏，讓你不是靠意志力過每一天，而是讓好習慣自然發生；我們會談金錢與心理的對話，看見你在消費背後的價值排序；我們會談行動與選擇，讓你

知道，每一個小小的決定，都是你對自己的重新選擇。

　　書中的每一章，都是為了讓你不再只是理解道理，而能夠真的開始「過」出來。你不需要一次改變全部，但你可以從現在開始，調整一點點，把自己放回生活的中心。

　　真正的優點，不是壓抑脆弱、壓縮情緒、追求他人眼中的「更好」。而是在真實之中依然選擇照顧自己，在混亂之中依然記得什麼對你重要，在疲憊之中依然願意為自己的生活做一點改變。

　　願你在這些文字之中，找到一些陪伴，找到一些理解，也找到一點重新出發的勇氣。不為了成為一個「理想的自己」，而是為了活出你本來就擁有的力量。

前言

第一章
學會處理情緒，
才是成熟的開始

第一章　學會處理情緒，才是成熟的開始

1. 壓力不是敵人，是你的提醒訊號

　　每個人都曾對壓力感到厭煩。我們說「我壓力好大」、「快撐不住了」，甚至習慣將壓力當成自己痛苦的根源。但是你可能從未被提醒過，其實壓力不是敵人，它更像是一封信——一封你長期沒有打開的信。裡頭寫的，不是控訴，而是提醒；它是試著告訴你，有些東西該停下來看一看了。

　　早在 1940 年代，加拿大內分泌學者漢斯・賽利（Hans Selye）便首度提出了「壓力反應」（stress response）的理論。他指出，壓力並非單一的情緒感受，而是一套結合生理與心理的綜合性反應系統，旨在協助個體應對外在環境中的挑戰。這一概念，首次將壓力視為一種有組織的身體機制，而非單純的負面情緒，為後來的心理生理學研究奠定了重要基礎。

　　賽利將壓力歷程分為三個階段：警覺期、抵抗期與耗竭期。警覺期象徵身體對威脅迅速做出的初步反應，例如心跳加速、呼吸急促、警覺性提升，彷彿拉響了內部的警報。進入抵抗期後，身體動員資源，試圖維持相對穩定的狀態，即便外在壓力持續存在，個體仍能暫時維持功能。然而，若壓

1. 壓力不是敵人，是你的提醒訊號

力經年累月無法解除，最終將進入耗竭期，這時生理與心理資源逐漸枯竭，常見的結果包括極度疲憊、焦慮增加、免疫力下降，甚至引發各類身心疾病。

賽利的理論提醒我們，壓力本身並非敵人，而是身體為了生存與適應所啟動的一套重要機制。真正的問題，在於壓力若無法有效調適，便會從短期激勵力量轉變為長期的消耗與破壞。理解壓力反應的運作邏輯，不僅有助於我們辨識自身狀態，更能在必要時適時介入，保護身心健康。

壓力帶來的痛苦，往往不僅來自外在刺激本身，更與我們對內在訊息的忽略有關。壓力反應，其實蘊含著身體與情緒發出的警示，只是我們往往未能及時察覺。加拿大醫師兼作家馬泰・加博爾（Gabor Maté），在其著作《當身體說不》(*When the Body Says No*)中，深入探討了情緒壓抑與慢性疾病之間的潛在關聯。他提出，許多罹患癌症與自體免疫疾病的患者，在發病之前常經歷長期高壓、情感需求被忽視或自我壓抑的生活狀態。

馬特在書中描述了多位患者的生命故事，這些案例呈現出相似的心理模式：傾向於取悅他人、壓抑個人情緒、迴避內心真實需求。例如，一位乳癌患者在確診，長期承擔照顧年邁親屬的責任，同時面對失衡的親密關係，卻極少表達自身的困境。她被周圍的人視為堅強、體貼、無怨無悔的人，

第一章　學會處理情緒，才是成熟的開始

但這樣的角色認同也使她無法對外在要求說「不」，更無法對自己內心的疲憊與痛苦給予正視。馬特指出，當情緒表達被長期壓制，身體最終可能以疾病的形式，傳遞無法再忽視的訊息。

這些觀察提醒我們，壓力管理不僅是減少事件衝擊，更關乎於如何理解並回應內在情緒的需求。當身體開始發出訊號時，能否及時傾聽，往往決定了我們是否能在壓力中找到自我修復的機會。

在許多現代人身上，壓力的來源往往不只是現實的負荷，更深藏於內心對「自己應該要更好」的無形投射。我們活在一種集體編織出的高標準期待裡，彷彿必須隨時保持完美——不能出錯、不能怠慢、不能感到疲累。真正令人恐懼的，並非任務本身的重量，而是那種一旦達不到標準就會喪失價值的恐懼感。

在這樣的心理框架下，壓力不再是短暫的緊繃，而是演變成日復一日的慢性焦慮，一場持續拉鋸的內心戰爭。即使外在情境暫時平穩，內在自我要求的壓力卻未曾鬆懈，成為無形中消耗心力的隱性負擔。

心理學家克莉絲汀‧內夫（Kristin Neff）在提出「自我關懷」（self-compassion）理論時曾指出，許多高成就者為了維持表現水準，習慣以自我批評作為內在驅動力。他們相信

對自己夠嚴格、夠苛刻,才能不斷達成更高目標。然而長期而言,這種自我鞭策反而侵蝕了心理彈性,使人在真正面對壓力與挫折時,變得更加脆弱。缺乏自我寬容的人,往往無法有效調節情緒與壓力反應,更難以從挫敗中恢復。

學會以自我關懷取代自我批評,並非放棄努力,而是建立一種更持久、更具恢復力的內在支持系統。當我們不再將價值感綁在完美表現上,才能真正降低來自內心的無形壓力,讓自己在現實挑戰中保持穩定與清醒。

在接納與承諾治療(Acceptance and Commitment Therapy, ACT)的觀點中,壓力並不需要被消除,而應該被容納。ACT的創始人之一史蒂芬・海耶斯(Steven C. Hayes)提出,真正的心理靈活性,來自於與壓力和平共處的能力。即便內心感受到緊張與不適,人仍能持續朝著自己重視的方向行動,而不被情緒狀態所羈絆。

這樣的理解,有別於我們面對壓力時常見的本能反應。多數人在壓力來襲時,首先想要逃離、排斥,或尋求快速解除困境的方法。壓力被視為威脅,需要盡快移除。但從ACT的視角來看,壓力本身並非障礙,而是一種訊息的流動。它傳遞出我們所在意、在乎什麼,也提醒我們正在面對重要而真實的挑戰。

當我們停止與壓力對抗,開始將它視為旅途中可以攜帶

第一章　學會處理情緒，才是成熟的開始

的對話夥伴，而非敵人時，壓力的意義也隨之轉變。它不再只是引發逃避的信號，而成為指引方向的線索。真正的成長，不在於剷除所有不適，而是在於即使心中揣著不安與動盪，也能穩穩走向自己選擇的人生目標。

有時候，真正讓人受苦的，並不是壓力本身，而是我們對壓力的恐懼與抗拒。在正念取向的心理療法（Mindfulness-Based Stress Reduction, MBSR）中，這種現象被稱為「二次痛苦」（secondary suffering）。第一層痛苦來自事件本身帶來的直接壓力，而第二層痛苦，則源於我們對這份壓力的反應──像是自責、羞愧、或是責怪自己不該感到焦慮。

當這樣的內在批評升起時，我們往往偏離了解決問題的路，陷入自我消耗的惡性循環。與其與壓力對抗，不如轉向一個更根本的提問：「這份感受想提醒我什麼？」壓力，或許不是敵人，而是資訊的來源，提示我們有某些未被滿足的需求、某些真正重要的價值正在被觸動。

這樣的觀點，也與 ACT 中的精神相符：不是努力壓制或逃離不適感，而是學會帶著這些感受，依然朝著自己珍視的方向前行。當我們停止將痛苦視為錯誤，而開始理解它的訊息時，內在的力量也隨之逐漸累積。

一位在科技公司工作的產品經理，在 Podcast 節目中分

享他對壓力的轉念歷程。他在一次產品上市案中，扛下極大的營運壓力，每天高工時、頻繁應酬、幾乎沒有睡眠品質。他坦言當時並沒有覺得「自己壓力大」，反而沉浸在一種「這樣的程度不叫壓力」的信念裡。直到某天突然在地鐵上暈倒，被送醫後才發現血壓飆高、免疫系統出現問題。他回顧這段經歷時說：「壓力不是敵人，是我錯把它當敵人，才讓自己在它面前變成受害者。」他開始重新調整工作的方式，也練習辨識身體與心理的早期訊號，像是煩躁、健忘、對人失去耐性等。這些過去被他視為「壞情緒」的東西，現在是他最珍貴的內部儀器。

另一位創業者則在《哈佛商業評論》(*Harvard Business Review*)撰文描述他經歷「好幾年高速擴張＋資金壓力＋家庭失衡」的階段。當他發現自己在準備一次投資人簡報時突然失聲，他才意識到：這不是疲勞，而是身體的抗議。他後來開始採用每天5分鐘的「身體掃描」練習，記錄當天的壓力來源、情緒反應與可控制的範圍。他說：「我不是變得更強壯，而是學會在還沒爆炸前停下來。」這不只是調整步伐，更是重新建立了他對自己的同理與耐心。

這些故事都在提醒我們：壓力從來不是壞東西，而是我們面對它的方式，決定了它對我們造成什麼樣的影響。當你不再急著排除它、不再用標準衡量它、不再用「我應該不會

第一章　學會處理情緒，才是成熟的開始

這麼脆弱吧」來遮蔽它，壓力就有機會從敵人變成嚮導。

你可以練習的，不是硬撐，也不是逃避，而是停下來問自己三個問題：

1. 我現在最擔心的是什麼？
2. 我是不是在用評價自己代替照顧自己？
3. 如果壓力是訊號，它想讓我看見什麼？

這三個問題的答案，不會立刻解決你面對的一切。但它們可以為你劃出一個起點 —— 從否認轉為覺察，從責備轉向關照，從不安轉化為力量。

壓力不會突然消失，也不會因為你「理解它」就變得無害。但當你開始把它當成來傳訊息的夥伴，而不是要打敗的敵人，你會發現，那些壓力最強烈的時刻，也往往是人生可以做出重要選擇的路口。

2. 情緒背後，藏著你最真實的需求

　　有時候，我們並不是真的「情緒失控」，而是「需求未被看見」。情緒是內心試圖被理解的聲音。當我們感到焦躁、委屈、憤怒、悲傷，其實不過是內心的某個需求沒有被回應。理解情緒的根源，不是要我們壓抑情緒或理性超脫，而是幫助我們看見它背後的訊息：你在意什麼？你需要什麼？什麼地方正觸動了你的內在核心？

　　美國心理學家萊斯・格林伯格（Leslie Greenberg）在情緒聚焦治療（Emotion-Focused Therapy, EFT）中提出，情緒是人類最原初且核心的資訊系統。情緒的功能，遠不止於單純反應外界刺激，它們幫助我們快速評估情境、啟動行動傾向，並在與他人互動時提供即時而敏銳的線索。

　　當一個人感到憤怒時，情緒的底層訊息往往是界線被侵犯；悲傷則傳遞出失落的重要性；而羞愧，則透露出一份渴望被接納卻感覺被拒絕的脆弱需求。這些情緒反應的表象之下，蘊藏著更深層次的心理需求。情緒本身並非問題，問題在於我們是否能夠正確理解它們所指向的內在訊息。

第一章　學會處理情緒，才是成熟的開始

　　如果我們只停留在表面的情緒反應——比如壓抑、否認或無意識地反射性應對——就容易錯失與自身需求對話的機會，不僅誤解自己的內在動力，也可能誤讀他人的情緒表達。長期下來，這不僅削弱了自我理解的能力，也使人際關係變得緊張與失衡。

　　真正的情緒智慧，來自於願意向情緒敞開，不急於評價或控制，而是細聽它們所承載的訊息。當我們開始理解，憤怒背後可能是守護自尊與界線的需求，悲傷背後是對珍貴連結的悼念，羞愧背後是渴望認同的呼喚，我們便能以更溫和且深刻的方式與自己和他人建立連結。

　　許多人從小被教育要「控制情緒」、「不要太敏感」，久而久之，我們習慣將情緒視為麻煩、軟弱、失控的象徵，甚至連自己都不太願意承認「我有情緒」。但情緒其實從不會主動消失，它只是退到身體的角落，變成緊繃的肩頸、沉重的胃，或者化為脾氣、疲憊與逃避感。壓抑情緒的代價，是與自己斷線。當我們不敢面對情緒，也就不再了解自己的需求。

　　一位來接受伴侶諮商的個案，曾這樣描述自己在婚姻中的狀態：「我覺得我一直在忍，我沒發火，我很理性啊，可是她怎麼還是不滿意？」在與他進行幾次深度晤談後，逐漸浮現出他所謂的「理性」，其實是一種習得性的壓抑。他在

2. 情緒背後，藏著你最真實的需求

原生家庭中，從小被要求要懂事、不能情緒化、不能跟媽媽頂嘴，久而久之便學會了壓下自己的感受、配合他人的期待。他誤以為「不情緒化」就是成熟，但太太感受到的，卻是一個與情感脫節、難以共鳴的伴侶。

這樣的故事在臨床現場屢見不鮮。人與人之間真正的衝突，往往不在於價值觀的不同，而是彼此情緒背後的需求無法被辨識與表達。太太可能並不是在抱怨某件小事，而是在傳達：「我希望我們可以更靠近」；先生也不是無動於衷，而是：「我害怕說出脆弱後妳會更失望」。如果彼此都只對表層反應做出防衛性回應，真正的需求就永遠無法浮出水面。

美國心理學家馬歇爾·羅森堡（Marshall Rosenberg）在發展非暴力溝通（Nonviolent Communication, NVC）模型時明確指出，每一種情緒，都是來自需求是否被滿足的自然反應。情緒，並不是問題本身，而是通往內在需求的重要訊號。

當我們能將情緒視為需求的入口，而非障礙，就不再需要害怕情緒本身，也能以更深的理解面對自己與他人。例如：

- 憤怒，常常反映出「界線被侵犯」或「渴望被尊重」的需求未被回應；

第一章　學會處理情緒，才是成熟的開始

◆ 悲傷，訴說著「失去」或「想要陪伴」的渴求；
◆ 嫉妒，暗示著「希望被看見、被重視」的內在渴望；
◆ 焦慮，往往源自「安全感」或「掌控感」不足的狀態。

這些情緒訊號若被忽略，我們容易停留在情緒表層的反應之中，被情緒牽著走，甚至不自覺地落入自我內耗。然而，當情緒湧現時，若能暫停片刻，問自己：「我真正想要的，是什麼？」便能穿越情緒表象，觸及更核心的需求，從而找回行動的主導權。

重新擁有心理主權，並不意味著情緒從此消失。情緒仍會如常來臨，但我們能以更溫和且覺察的態度與它們共處。這樣的轉變，使情緒不再是負擔，而成為自我理解與成長的橋梁。

曾在《富比士》(Forbes)專欄分享過的一位美國女性高階主管，談到自己在某次內部簡報會議中的情緒崩潰。她說，那天其實沒有特別激烈的對話，只是同事在會議上略帶質疑地詢問她的決策邏輯，她卻突然感到胸口一緊、喉頭發熱，幾乎要落淚。會後她才意識到，這個情緒不是來自當下那句話，而是來自多年來職場中身為少數女性領導者時所承受的懷疑、壓抑與獨撐壓力的累積。這是一個典型的「情緒超載而需求失語」的例子，也是一種高功能者常見的內在斷裂：外在表現堅強、理性、有邏輯，但內在早已耗竭，情緒

無處可去,只好在微小事件中洩洪。

這樣的案例提醒我們:情緒有時不是對當下情境的反應,而是對長期被壓抑需求的累積。學會回到當下,問問自己:「我此刻最深的需求是什麼?」這個問題也許不會立即有答案,但它會讓你開始與內在建立起真正的連繫。

在正念心理學(mindfulness-based psychology)中,有一個重要的理解是:情緒本身並不是錯誤,它只是尚未被溫柔看見的內在訊號。情緒的出現,不代表個體失控或脆弱,而是自然的生命活動,提醒我們有某些需求正在發聲。

當我們感受到不安、易怒或無力時,與其急於自責或試圖壓抑,不如練習以好奇的態度與這些情緒相處。這種好奇,並非理性分析或邏輯推論,而是一種純粹、開放的自我陪伴。試著問自己:「這個感覺從哪裡來?」、「它想告訴我什麼?」

正念強調的,不是對情緒做出快速判斷,而是以覺察與接納的態度,容許它們存在,並從中逐漸理解自己的內在需求。

當我們以這樣的方式面對情緒,不僅能減少與情緒對抗的內耗,也更容易在情緒的波動中,找到穩定而清醒的立足點。情緒不再是必須被壓制的敵人,而成為重新建立自我連結的起點。

第一章　學會處理情緒，才是成熟的開始

　　臨床心理師瑪格麗特・韋倫伯格（Margaret Wehrenberg）在研究焦慮障礙時指出，長期陷入焦慮狀態的人，問題往往不在於現實挑戰過於艱難，而在於他們難以清晰表達自身的需求。這樣的個體對外在環境變化極為敏感，內心長期維持著一種微妙而持續的警戒感，彷彿任何微小的變動都可能指向自己做錯了什麼。

　　然而，在高度警覺之下，他們又往往缺乏將不適感訴諸言語的能力。許多焦慮者習慣壓抑自己的需求，害怕開口要求會被視為脆弱、無能，或招致拒絕。於是，他們選擇隱忍，讓情緒在內心無聲累積。久而久之，未被表達的不安、憤怒、無助感層層堆疊，最終在超出承受範圍的某個瞬間爆發，無論是以情緒失控、身體症狀，還是更深層的自我懷疑表現出來。

　　這樣的內在迴路，讓焦慮不再只是短暫的不適，而成為一種難以自拔的內耗循環。真正的壓力，並非源於外界的難題本身，而是來自內心那份無法言說、無法獲得緩解的孤立感。每一次未能被表達的情緒，都像一滴滴無聲落下的水珠，最終匯成一片洶湧的洪流。

　　理解這一機制，提醒我們：焦慮不僅僅是「想太多」或「心太小」，它往往是多年來壓抑需求、無法尋求支持的結果。打破這個累積迴路的起點，不在於強迫自己「別

焦慮」，而是學習以更安全、更被允許的方式，重新練習表達。

理解需求的第一步，就是允許自己去問：我可以想要什麼。我可以承認我希望被理解、希望被信任、希望能不那麼堅強。這些都不是脆弱，而是人之常情。當我們承認自己有需求，我們才有辦法開始照顧自己。

在你下一次感受到一個情緒時，不妨先別急著評價它，而是試著問自己三個問題：

1. 我現在感受到什麼？
2. 這個感覺想表達什麼需求？
3. 我可以用什麼方式讓這個需求被看見？

這樣的自我提問，不一定會馬上改變你的情緒，但它會改變你與情緒的關係。當你願意與自己的需求誠實對話，你就不再只是被情緒推著走的人，而是一個能夠聽見內在、調整行動的人。

理解情緒，不是為了控制自己，而是為了回到自己。當你願意看見那個被隱藏的需求，你也才真正開始與自己和解。

3. 練習情緒的表達力

情緒的重量，有時並不在於它本身，而在於我們如何對待它。很多人誤以為，處理情緒只有兩種選擇：要麼壓下去，做一個「冷靜理性」的人；要麼爆發出來，把所有累積一股腦地傾瀉而出。然而，這兩種極端方式，其實都無助於真正理解自己，也無助於真正被他人理解。健康的情緒表達，既不是壓抑，也不是爆炸，而是一種有覺知、有界線、有溫度的內在翻譯。

情緒調節理論（Emotion Regulation Theory）提出，情緒管理能力是維持心理健康穩定與人際關係品質的關鍵因素。心理學家詹姆斯·格羅斯（James Gross）在長期研究中指出，真正成熟的情緒調節，不是消除情緒，也不是任由情緒主導，而是學習在情緒生起時，能夠辨識它、理解它，並以合適的方式表達與回應。

情緒從來不是單一的開關。它是一個持續流動、相互影響的系統，帶著生理反應、認知評估與行為傾向，彼此交織成動態變化的內在狀態。嘗試將情緒壓制，就像試圖在洶湧的河流上設置閘門，表面或許短暫平靜，底層卻悄悄累積壓力；相反地，情緒全然無控地爆發，也往往帶來關係的撕裂

3. 練習情緒的表達力

與自我耗損。

格羅斯提醒我們,有效的情緒調節,是在情緒湧現之際,能夠保持一份覺察的距離——既不否認它的存在,也不讓它奪走行動的主導權。這份能力,不是天生具備,而是透過練習逐漸養成的心理韌性。它要求我們在瞬間的感受中,容納情緒的真實,又能選擇一條與價值一致的回應路徑。

成熟並不意味著情緒的消失。真正的成熟,是在情緒起伏之中,仍能穩住自己的腳步,不被情緒淹沒,也不需要逃避自己真實的感受。

從成長歷程來看,許多人從小在家庭、學校或社會文化中,學會了以特定模式對待情緒。壓抑型的人,習慣將情緒推到心底,告訴自己「沒關係」、「這不重要」、「不要想太多」。爆炸型的人,則可能因長期壓抑未果,一遇到觸發點就像洩洪一般,情緒以攻擊、指責、失控的形式爆發出來。這兩者看似對立,其實本質相同——都是因為缺乏對情緒本身的覺察與理解。

在臨床心理輔導中,曾有一位中年女性個案分享自己的經歷。她描述自己在婚姻關係中,長期扮演著「理解別人」、「不惹麻煩」的角色。當先生冷淡、孩子叛逆、工作壓力堆積時,她總是選擇忍耐,不吵不鬧,把所有的不滿和疲

第一章　學會處理情緒，才是成熟的開始

憋藏在心底。她以為這樣是成熟、是理性，直到有一天，因為早餐桌上先生一句隨口的批評，她突然情緒失控，大聲咆哮，摔破了盤子。她形容那一刻自己像是旁觀者，看著一個從未見過的自己爆炸開來。

這種情境並不罕見。壓抑並不會讓情緒消失，只會讓它轉變成內傷，直到某個臨界點被觸動，才以極端的方式現身。這種爆發往往出乎自己意料，也讓他人難以理解。結果是，原本可以用適度溝通解決的小問題，因為情緒爆炸而演變成關係的撕裂。

與之相對，有些人從小被鼓勵「直接表達」，但缺乏適度調節的練習，導致情緒表達變得過於激烈、失控，甚至帶有攻擊性。他們習慣將情緒當成武器，想用聲量或情緒張力來主導場面。這種表達方式看似「真實」，但長期下來，容易造成關係中的防衛與距離，也讓自己陷入「沒人懂我」的孤立感。

情緒的力量需要容器。表達情緒，不是無條件宣洩，而是練習在安全的範圍內，誠實且負責地說出內在狀態。這樣的表達方式，需要三個重要步驟：

第一步，辨識自己的情緒，而不是直接反應。將情緒當成訊號。例如，當你覺得生氣時，不急著指責對方，而是問自己：「我現在是在保護什麼？在捍衛什麼？」

3. 練習情緒的表達力

　　第二步，承認自己的感受，不要自我責備。許多人一感覺到悲傷、恐懼或無力時，第一反應不是照顧，而是責備自己「太脆弱」、「太小題大作」。但真正健康的情緒調節，是允許自己感受完整的情緒波動，不壓抑也不批判。

　　第三步，將情緒翻譯成可以被理解的訊息。這需要將情緒內化成需求表達，而不是責難。例如，從「你從來不在乎我！」轉化為「當我期待你支持時，感覺自己被忽略，我需要多一點理解和陪伴。」

　　馬歇爾·羅森堡的非暴力溝通理論中，強調「表達感受」與「表達評價」之間的差異。感受是描述自己的內在狀態，如「我感到失望」、「我感到焦慮」；而評價則是對他人的行為下判斷，如「你太冷漠了」、「你讓我很受傷」。真正有力量的情緒表達，是把焦點放回自己身上，讓對方有機會理解，而不是防衛。

　　某知名雜誌曾刊載過一篇報導，描述一位企業高階主管如何重新學習情緒表達。在公司重組期間，他必須帶領團隊面對裁員與業務調整，但他過去的管理風格極度理性，對情緒話題總是輕描淡寫，導致團隊士氣低落、離職率攀升。後來，在專業教練的協助下，他開始練習在會議中，坦承自己的擔憂與不安，並邀請團隊成員分享感受。他發現，當他真誠地表達自己的焦慮與對未來的不確定，反而讓團隊成員感

第一章　學會處理情緒，才是成熟的開始

到被理解與信任，整個氛圍出現了微妙而強大的轉變。

這位主管後來總結說：「我以前以為，領導者應該是無懈可擊的。但其實，讓團隊看到你也有人性，也會害怕，也在努力撐住，這本身就是一種力量。」這樣的改變，不是情緒化的表演，而是真實脆弱的展現——一種帶著界線、帶著尊重、帶著責任的情緒表達。

在練習情緒表達的過程中，最常遇到的困難之一，是「怕被誤解」或「怕被看輕」。許多人因此選擇了沉默，或在表達時語氣變得過於激烈，想用強度來保護自己。這時可以提醒自己：情緒的真誠與表達方式的溫度，可以同時存在。你可以承認自己感到受傷，同時用平靜的語氣說出來；你可以表達自己的需求，同時尊重對方的界線。

一位臨床心理師曾形容情緒表達像「翻譯」：把內心的波濤，翻譯成可以被自己與他人理解的語言。這個過程需要練習，需要在一次次小小的勇氣中慢慢建立起來。不是每一次都能完美，但每一次的練習，都在讓自己與自己的關係變得更誠實、更堅固。

如果你希望開始練習，不妨從這三個小步驟起步：
1. 當情緒湧現時，先給自己五秒鐘，只是靜靜地感覺它，而不是立刻反應。

2. 嘗試用一個簡單的句子，描述自己的感受，而非評論對方的行為。
3. 給自己一個空間，允許情緒存在，同時選擇一個可以支持自己的行動。

情緒是生命力的一部分。學會健康地表達情緒，成為一個更完整、更自由的人。當你能夠帶著溫柔與清晰說出自己的感受時，你不僅在保護自己，也在為你所愛的人，打開一條更深刻理解的路。

情緒的力量在於被看見、被理解、被帶領到一個更成熟的位置。學會說出自己的情緒，是一種內在成熟的開始，也是重新建立關係的起點。

第一章　學會處理情緒，才是成熟的開始

第二章
能量管理，
才是長期穩定的基礎

第二章　能量管理，才是長期穩定的基礎

1. 疲憊的原因不只是事情太多

你是否曾有過這樣的經驗：明明今天沒有特別多的事，卻覺得身體沉重、腦袋遲鈍？或者完成了一整天的工作清單，卻沒有絲毫成就感，只有一種空蕩蕩的疲憊？在生活節奏快速的當代，我們很容易將「累」解釋為「做太多」，然後默默對自己下判斷：「我是不是效率太低？是不是不夠努力？」但你可能忽略了一件事：真正讓你疲憊不堪的，也許不是事情的多寡，而是你所消耗的「能量型態」從一開始就出了問題。

心理學家羅伊‧鮑邁斯特（Roy Baumeister）在提出「自我消耗理論」（ego depletion）時指出，人類的心理資源是有限的，特別是在面對意志力運作、決策負荷與情緒控制時，這些資源的消耗往往比我們意識得到的還要深遠。不同於時間或體力，心理能量並不容易被量化或察覺，卻深刻影響著我們的情緒狀態與行為表現。

這套理論曾引起心理學界的廣泛關注，尤其是它對於理解日常決策疲勞與行為波動的貢獻。然而，隨著重複研究的進展，學界對這一理論的適用範圍與機制也展開更多討論。一些後續實驗未能穩定重現原始效應，引發對其「單一資源

模型」的質疑。不過，多數研究者並未否定其現象基礎，而是主張加入更多變項——例如動機調節、任務意義或心理恢復力——來豐富原始框架。

就現實而言，我們確實會在一天中經歷心理能量的消耗。那些看似瑣碎的活動——像是不斷作出選擇、壓抑衝動、應對細節、克制情緒反應——若持續發生，即使不是什麼「大事」，也會在無形中耗盡內在的調節資源。

舉例來說，一位中階主管的工作內容可能包含主持會議、回應同事需求、處理突發問題、修改簡報內容、參與策略規劃。在外人眼中，他的工作量或許不如工程師或醫護人員來得高強度，然而這樣的角色需要不斷在「做決策」與「調整人際語言」之間切換，而這些都是極耗心理資源的活動。特別是在高階職場位置上，很多時候你疲憊的，不是具體任務，而是那種時時刻刻都要「保持平衡」與「展現得宜」的心理張力。

這也解釋了為什麼有些人在行程看似輕鬆的日子裡，依然感到格外疲累。疲勞感並不單純來自於任務的數量，而與心理能量的分布有關。當一個人將大量內在資源投注在無形的消耗上——例如持續監控情緒反應、維持自我抑制、調整外在表現——即使外在活動不繁重，身心也容易產生深層的耗損感。

第二章　能量管理，才是長期穩定的基礎

社會學家亞莉・霍奇查爾德（Arlie Hochschild）在其研究「情緒勞動」（emotional labor）時指出，當個體長期必須展現與當下真實內在狀態不一致的情緒時，會逐步累積顯著的心理耗損。也就是說，即使你面帶微笑、耐心傾聽、保持專業形象，內心卻可能早已感到枯竭。這種持續性的「表層演出」（surface acting）所消耗的能量，遠比一場公開簡報來得更隱密卻更深遠。

在這樣的過程中，情緒表達成了一種工作任務，需要經過調控、包裝與管理。當真實感受與表面表現之間的落差持續擴大，心理系統就像一部無法停機的機器，不斷燃燒隱性的能量，最終導致情緒耗竭、注意力下降，甚至影響到自我認同感的穩定性。

理解這樣的內在運作機制，有助於我們重新看待疲勞的來源——疲倦並不總是因為做了太多有形的事，有時，是因為我們在無形之中，承受了過多需要「演出」的壓力。

另一個經常被忽略的疲憊來源，是「任務切換成本」（task-switching cost）。我們早已習慣將多工視為現代生活中不可或缺的技能，但認知心理學的研究指出，頻繁在不同任務之間切換，其實對大腦是一種高耗能的負荷。每一次從一個任務轉向另一個任務，無論看似多麼微小，都需要認知系統重新設定目標、調整注意力焦點，這個過程本身就消耗了

1. 疲憊的原因不只是事情太多

大量的心理資源。

問題在於,這種消耗並不像體力勞動那樣容易被感知。我們很少注意到,每次從滑手機訊息轉回簡報文件,或是一邊吃飯一邊匆忙回覆郵件時,大腦正在不斷經歷微型的啟動與重置。單次切換或許感覺輕微,但當這種斷續累積一整天下來,便會在不知不覺間造成明顯的認知疲勞,讓注意力變得破碎、思緒變得遲滯,甚至引發更廣泛的心理疲憊感。

曾經在工作坊中認識一位自由接案設計師,他的生活看似自由、時間彈性,卻長期陷入深層的倦怠。他說:「每天醒來都很早,但我花了很多時間在切換狀態,回信、查資料、確認合約、修圖、接電話……雖然每件事都不困難,但我一天下來常常只完成一兩件重要任務,剩下的時間都耗在碎事上,晚上卻覺得好像跑了一場馬拉松。」這樣的疲憊,不是因為他懶惰或效率差,而是能量分配長期失衡,讓他即使清醒著,也像處於一種隱性耗損的昏沉中。

有時,我們以為自己的問題是「做太慢」,實際上,是「一直在恢復卻從未真正補充」。身體休息了,心理卻沒停下來;坐著不動了,腦袋還在模擬各種應對劇本。這種假性休息,讓我們誤以為自己在放鬆,實則持續運轉,導致能量始終無法回歸到穩定狀態。

這也是為什麼越是「高敏感」、「高責任」型的人,更容

易感到疲憊。他們並非效率不佳，而是投入得太深。在每一個社交對話中他們傾聽、體貼、判斷細節，在每一個任務安排中他們自我要求、反覆檢查。這些都會帶來成就感，但也會默默侵蝕心理能量，特別是當他們忽略了自己的補給機制時。

從這個角度來看，「你為什麼累」這個問題，其實不是時間管理的問題，而是能量理解的問題。我們的教育從未教過我們怎麼感知能量的變化，也不教我們如何設計自己的心理補給系統。我們被教導要安排時間、分配任務，但很少有人提醒我們：每一個人的能量來源與消耗模式都不同，找出自己的節奏與耗損結構，是每個人都需要面對的自我功課。

心理學中的注意力資源理論（Attentional Resource Theory）指出，人類的認知能量是有限而競爭性的。當我們將大量資源投入在同時處理多重任務或應對持續的情緒壓力時，留給高層次活動──如創造性思考、深度反省或長期規劃──的資源就會被大幅壓縮。

這也是為什麼，當你忙完一整天的瑣事與應付，卻在最需要做重大決策時感到頭腦遲鈍、思路混亂。此時，認知資源早已耗損至只足以維持基本運作，像是回應訊息、處理眼前需求，而無力支持更高階的抽象思考。心理能量的消耗，並不像體力疲勞那樣容易覺察，但它同樣深刻地影響著我們

的判斷、專注力與情緒穩定。

人在資源匱乏時，傾向進入一種「維持模式」：專注於短期生存需求，避免冒險、避免思考過度複雜的問題。這是大腦為了自我保護所啟動的節能機制。

理解這種有限性，提醒我們在安排日常節奏時，留出空間給真正重要的思考，不讓所有認知資源被零碎瑣事或情緒應付消耗殆盡。高效運作，不是填滿每一分鐘，而是懂得為深度與價值保留餘裕。

理解這一點後，我們需要做的第一件事，不是強迫自己更努力，而是誠實面對：「我的能量是如何消耗的？我的疲憊來自哪裡？」只有當你能夠辨識能量的去向，你才能重新設計它的流動。

一位曾經歷職涯轉折的資深行銷人員在訪談中分享，自己從大型企業離職後，並非是因為工作太多，而是長期覺得「自己的能量被用在不屬於自己的價值上」。她說：「每天都在忙，但那種忙不是為了我自己。時間填滿了，心卻越來越空。」後來她開始調整工作的結構與內容比例，保留一部分時間做自己真正熱愛的創意項目，同時為自己的生活留白。她說，她終於開始選擇自己的能量要流向哪裡。

你累，不一定是你做太多。也可能是你做的那些事，不斷消耗你真正的核心；也可能是你花太多時間在切換、調

第二章　能量管理，才是長期穩定的基礎

整、討好與內部對話，卻沒為自己留下一個真正能充電的空間；也可能是你一直在承擔外部的需求，卻從未問過自己：那我呢？我需要什麼？我還剩下多少？

重新理解能量，是我們走向穩定與成熟的第一步。從此刻開始，你可以不再只是衡量「我還有多少時間可以用」，而是開始問自己：「我還有多少能量能投入？」、「我願意將這份能量，花在這件事上嗎？」

這種有意識的選擇，讓你不再將能量的分配權交給別人，而是掌握在你每天對自己誠實的那一刻。

2. 「恢復力」的科學：休息也是一種責任

休息從來不是一種逃避，更不是等一切完成後的獎賞。真正能長期穩定輸出的人，從來都不是因為做得最多，而是因為他們懂得何時該停、該緩、該恢復。那些我們以為是堅強、持續、絕不鬆懈的表現，往往背後藏著過度補償與內在壓抑。而真正成熟的行動力，不是意志力撐起來的，而是建立在一套日常中可持續的「能量回復機制」之上。

我們的文化傾向於將「休息」視為非生產、非必要的行為。我們從小被教育要抓緊時間、把握分秒，休息好像只有在工作做完、任務結束後，才能心安理得地進行。甚至在休息時，我們還會感到一絲罪惡：是不是太懶？是不是太鬆懈？是不是又落後別人一步？於是我們看似休息，心卻不曾真正鬆下來。結果是，休息沒有產生回復力，反而製造更多焦慮與精神內耗。

美國哈佛醫學院教授賀伯特・班森（Herbert Benson）在其著名的「放鬆反應」（relaxation response）理論中指出，身體的恢復機制並非完全被動，而是可以透過特定的意識訓練與生理條件主動啟動。他的研究證明，當我們透過緩慢呼

第二章　能量管理，才是長期穩定的基礎

吸、簡化刺激、專注當下等方式降低交感神經系統的活性，副交感神經便會被引導活化，身體也隨之進入真正的修復狀態。

換句話說，修復不是自動發生的，只要人靜下來就能放鬆。事實上，很多人以為「坐下來滑手機」、「不說話待著」就是休息，但這些行為如果仍處在資訊刺激、情緒牽動或社交警覺的狀態中，身體其實並沒有從警備模式中抽離。外在看起來靜止，內在卻可能仍在燃燒能量。

真正有效的放鬆，不只是放下工作，而是啟動一種神經系統的切換。班森的研究指出，安靜、緩慢、專注、不評價等元素，是讓大腦和身體同步進入修復的關鍵條件。當我們不再追求控制或改變當下的感受，而是單純地與之共處，神經系統才有機會從高度警覺轉為深層恢復。

這樣的轉換，讓放鬆成為一種可以有意識引導的內在重整。一如班森所說：「放鬆是一種能力，也是一種選擇。」

德國心理學家莎賓娜‧索嫩塔格（Sabine Sonnentag）在其「工作恢復經驗模型」（Recovery Experience Theory）中指出，有效的休息並不只是結束工作、坐下來就好，而是需要滿足四個核心條件：心理脫離、放鬆感、自主感，以及進行能帶來精力補充的活動。

這四個條件，決定了我們的休息是否真正具有恢復力。

2. 「恢復力」的科學：休息也是一種責任

首先，你能否在休息時暫時不再思考工作？這就是所謂的心理脫離（detachment），也是大腦自我修復的前提。其次，休息當下是否帶來心境放鬆？即便不動、不說話，若內心仍繃緊，那並不等於放鬆。第三，你是否能自由決定自己的休息方式，而不是被他人、行程或責任推著走？最後，所從事的活動是否讓你感受到挑戰或意義──無論是一場散步、一場閱讀、或是一段沒有目標的時間流動？

換句話說，有效的休息，不只是「有空」，還必須是「有意識」。許多人在休息時間裡仍不斷滑手機、看工作群組、讓注意力分散在無意義的資訊上，表面上是放空，實則讓大腦持續處於碎片化運作的狀態。這種低品質的休息，不但無助於恢復，反而可能加重疲憊，讓人感到更加空虛與遲滯。

學會為自己的認知與情緒設計一段真正的「恢復時段」是很有必要的。當我們理解恢復的條件，才能真正從忙碌中回來，而不只僅僅是離開工作內容。

一位從事科技業的產品經理，在訪談中分享她曾經歷長達一年的倦怠期。她說，當時的她早已知道「要好好休息」，於是每個週末都安排瑜伽課、按摩、Netflix 時間，甚至旅遊。但她發現這些活動反而讓她越來越疲憊，回到工作後總像沒休息過一樣。直到有一天，她在看書時讀到一段話：「真正的放鬆，是重新學會和自己相處。」這句話讓她

第二章　能量管理，才是長期穩定的基礎

開始轉向去覺察——原來自己在休息時仍在擔心未回的信件、擔心錯過團隊訊息、擔心落後於人的腳步。她的身體離開了工作現場，心卻從未真正脫離壓力場域。

後來她開始進行每日 10 分鐘的靜心練習，重新設計下班後的節奏，例如放慢吃飯的速度、把手機放在另一個房間、只做一件單純的事，哪怕只是泡一杯熱茶。她說：「那不是什麼偉大的儀式，但那些時刻，我終於回到了自己。」

這樣的改變不是技巧的堆疊，而是態度的轉換。從「做完才休息」變成「為了能走得久，我選擇現在就照顧自己」。休息從來都不是弱者才需要的事，它是每個人都必須負起的責任，是一項維護能量穩定的日常基礎功。

這種觀點在運動科學領域早已被大量研究驗證。許多頂尖運動員的訓練週期中，不只安排高強度訓練，還會安排「恢復週」（recovery week）與「低強度循環」，目的就是為了讓身體與神經系統有足夠的回復時間，以提升後續訓練的品質。你不會質疑一位馬拉松選手為何要休息，因為你知道若他不休息，就無法跑得更遠。那麼，為什麼我們在生活這場長跑中，卻總認為自己能不斷向前、不需補給？

另一位創業者則分享了他從「休息焦慮」走向「休息設計」的歷程。他曾經認為，放下手邊事物就是拖延，讓自己慢下來就是懶惰。他說：「我腦袋裡總有一種聲音在提醒

2. 「恢復力」的科學：休息也是一種責任

我：還有事情沒做、還有標準沒達到。」這樣的聲音讓他即使在假期也無法安心，經常一邊度假一邊工作，結果是筋疲力盡、創意枯竭、人際疏離。他後來在教練的建議下開始為「休息」做排程，像安排會議一樣安排午休、深呼吸、散步時間，甚至在月曆中保留「無任務時段」。那不再是他過去理解的「偷懶」，而是他第一次開始為自己的能量負起責任。

這種轉變來自一個關鍵的認知：休息不再是「做完才能給自己的獎賞」，而是「讓我能夠繼續做下去」的前提。如果你每天都像一臺不斷運轉的機器，沒有保養、沒有斷電、沒有自動維修的時間，再強的動力也會有熄火的一天。

有時候，我們誤會自己需要更多意志力，其實只是因為我們太久沒有恢復力；我們誤以為自己「撐得住」，其實只是「還沒倒下」。而當我們開始真正理解什麼是休息，我們會發現，能夠主動選擇停下來，才是一種對自己深層的承擔。

那麼，什麼樣的休息才真正有效？並沒有標準答案。對某些人來說，是每天安靜地做一段散步；對某些人來說，是關掉社群、讓心靜下來；也可能是幾小時的閱讀、不被打擾的午後、或是一場沒有對話的沉默時光。重要的不是形式，而是它是否真的讓你回到身體、回到心裡、回到當下。

當你發現自己總在疲累中醒來、在做完所有事後仍覺得

第二章　能量管理，才是長期穩定的基礎

空虛，請不要再對自己說：「我怎麼這麼沒用？」而是改問：「我有在好好照顧自己嗎？」休息，不是軟弱的象徵，而是意識到人不是只有輸出責任的機器，而是也需要被照顧、被恢復、被溫柔對待的生命。

我們總以為堅強的人是不休息的，其實真正堅強的人，是知道什麼時候該停、該緩、該說「我現在要為自己留一點空間」。

如果想走得更遠，就不能等到耗盡才學會回頭。

3. 別將自己的能量燃燒殆盡

在許多人的成長經驗裡,「拚命」、「不喊累」、「撐住不說話」常被視為一種優點。我們從小就被教導要努力、要堅強,要「燃燒自己照亮別人」,彷彿只有將自己用到極致,才算盡責。而當你開始想為自己多留一點空間時,心中卻不免冒出罪惡感,好像「不把自己耗盡」就是懶惰、自私、不夠好。

但是長期這樣下去,你可能會發現:你不再有力氣去關心任何人,對喜歡的事也提不起興趣,每天只是反覆完成義務,把日子撐完。你開始失去熱情,也失去情緒;不只是身體累,連心也跟著關機。這樣的狀態,就是因為你已經「過度使用」自己太久,卻沒有留下修復與重建的空間。

我們常以為,只要足夠有責任感、有紀律,就能不斷撐住壓力與要求。然而心理學研究指出,即便擁有再高的自我控制力,若長期被過度使用,且未獲得適當休息與內在補充,最終也會出現明顯的能量崩解現象。

當人陷入這種狀態時,往往會出現一種微妙卻強烈的停滯感 —— 什麼事都做不了、什麼都不想選、連簡單的小事也需要過度思考。原本能迅速處理的日常決定,此時卻變得

第二章　能量管理，才是長期穩定的基礎

異常遲緩；不僅效率降低，連「想做」的意願都逐漸模糊。

在這樣的時刻，人看似還在運作，內在卻早已斷電。這種感受與偷懶無關，也不是對抗壓力的失敗，而是身心在發出一個明確訊號——我們需要休息、需要回應，而不是再壓一層命令下去。

在訪談中，一位高階女性主管分享她在人生某個時期的轉變。她當時同時肩負公司部門轉型、照顧長輩與孩子、還參與一個非營利組織的專案。外人看來她是典範：總能在各種壓力中保持條理。但是她說，那段時間她幾乎無法好好吃完一餐，晚上回家對著孩子笑，卻沒有任何開心的感覺。

直到有一天，她在提案簡報結束後走進廁所，發現自己眼淚停不下來。她說：「我一直都在耗損，只是沒讓自己停下來察覺。」後來她做了一個決定：退出非營利組織、重新劃分工作負責範圍、為自己保留每週兩天晚上不應酬的空間。一開始，她很擔心會被說「不夠投入」，但她發現真正的改變是——自己開始有餘裕，去好好處理那些真正重要的事。她說：「我終於能把力氣放在對的地方。」

選擇保留能量，不只是調整行程，更是對內在信念的重新定義。真正的轉變，往往從一個看似微小的信念開始——相信自己有權設下界線，而不是無條件地對所有需求敞開。這是一種對自我位置的重新認可。

3. 別將自己的能量燃燒殆盡

根據自我決定理論（Self-Determination Theory），心理學家愛德華・德西（Edward Deci）與理查德・萊恩（Richard Ryan）指出，人類的內在動力來自三個基本心理需求：自主、勝任與關係感。當我們所做之事能滿足這三項需求，便較容易產生持久的動機與穩定的能量感；相反地，若這些需求長期被壓抑，即使完成許多事，內在也可能逐漸感到枯竭。

這也是為什麼，即使你完成了每一項交辦事項、顧及了每一個人的情緒、展現了責任感與效能，內心仍可能浮現某種難以言喻的空洞感。當我們長期把自己的需求排除在優先序之外，對生活的掌握感與連結感也會隨之削弱。任務完成得再完美，也彌補不了「缺席的自己」。

另一位大學教職者在一次心理諮商中談到自己的疲憊。他同時兼任教學、行政與輔導導師，學生們喜歡他、同事依賴他，但他卻常常一個人坐在辦公室裡默默頭痛。他說：「我很怕說不，我總覺得學生需要我、同事信任我、校方也倚重我，怎麼能不接下來？」但隨著失眠、暴躁與無力感越來越明顯，他開始明白，長期的「被需要感」，其實正在吞噬他的自我界線。他想要幫忙，但他除了照顧別人，也應該學會先照顧自己。

後來他嘗試設立每週「不見客時段」，並把自己的午餐

第二章　能量管理，才是長期穩定的基礎

時間設定為無會議、無討論的完整休息。他說那段時間內他什麼也不處理，就只是靜靜地吃飯、看一本非教學的書，或者什麼也不做。這樣的小小決定，竟讓他重新找回了節奏。他開始發現，自己對學生的耐心回來了，對教學的熱情也慢慢升起。他不再把「對他人好」視為壓力，而是從有餘裕的狀態裡自然流出。

這些故事都指向一件事：長期穩定的輸出，不是靠榨乾自己，而是靠懂得替自己保留。所謂的「自我界線」，也並不是拒人於千里之外，而是為了讓你能保有清晰與完整的自我，進而真的能給出你想給的東西。

心理學家克莉絲汀・內夫在自我關懷理論中指出，真正的自我照顧，並不是對自己輕聲細語地安慰幾句，而是願意做出那些當下不見得輕鬆，卻在長遠看來對自己有益的決定。這樣的決定是暫緩、退後一步，甚至冒著不被理解的風險，也要保護自己的完整性。

我們習慣將「善待自己」理解為溫柔、寬容，卻忽略了，真正成熟的自我關懷，有時也必須是堅定的、有界線的，甚至是令他人不太舒服的。不是因為你不再在乎別人，而是你開始願意在乎自己；不是因為你不願承擔責任，而是你學會了區分哪些是你該負的、哪些是你一直不該承擔卻默默背負著的。

3. 別將自己的能量燃燒殆盡

當你開始說出「這段時間我無法接下這項任務」；當你在每個星期的日曆裡留下一格給自己；當你在感到疲憊時選擇安靜而非逞強——這些看似微小的行為，其實都在對自己說：「我知道你也值得被照顧。」

每個人都會有耗盡的時候，這並不可恥。但當我們總習慣把自己推到那個臨界點，久了便會忘記，其實自己也可以選擇不那麼做。你不是非得燃燒到最後才值得停下來，而是有能力從中間就轉身，為自己重新調整節奏。

保留，不是逃避，而是一種自我照顧的結構；真正成熟的人，往往不是做得最多的人，而是最知道該留什麼給自己的人。

第二章　能量管理，才是長期穩定的基礎

第三章
自信是練出來的感覺

第三章　自信是練出來的感覺

1. 行動過的人才有相信自己的證據

自信不是一種性格特質,而是人與自己之間慢慢建立起來的一種關係。你不會因為今天想相信自己,明天就真的做得到;也不會因為外人說你很好,你就立刻不再懷疑自己。真正的自信,是當你回頭看過去,發現自己真的做過某些事、承受過某些壓力、跨過某些不確定 —— 那時,你才有辦法比較篤定地說:「我知道我辦得到,因為我做過。」

心理學家亞伯特·班度拉(Albert Bandura)在自我效能感理論(Self-Efficacy Theory)中指出,一個人對自己是否有能力完成某項任務的主觀信念,將深刻影響他的行動選擇與堅持程度。這種信念不是空想,也不是自我感覺良好,而是建立在「我真的做過,而且撐過來了」的經驗基礎上。所謂的自信,便是來自一次次真實累積下來的成功紀錄。

那些看起來更有自信的人,不是因為他們天生比較厲害,而是因為他們的記憶裡,有更多「我曾經做得到」的證據。即便曾懷疑自己,仍願意動手嘗試、願意面對後果,這樣的經驗讓他們在未來更容易相信自己可以。

1. 行動過的人才有相信自己的證據

我們很容易誤解這件事。以為有自信的人就應該是臺上侃侃而談、在挑戰面前從容不迫的人。這些表現或許能傳達自信的印象，但真正重要的，不是看起來有信心，而是那個人內在曾經多少次在困難面前選擇跨出去。自信不是光靠外在表現滋養的，而是一次次決定不退縮的歷程。

曾經訪談過一位漫畫創作者，在社群上已累積了數萬名追蹤者。表面上，她的更新頻率穩定、互動熱烈，看起來像是已經站穩創作腳步的成功者。但她坦白說，前幾年開始畫圖時，其實每天都懷疑自己是不是走錯路。她沒有科班背景，也不是畫技最突出的人。唯一做的，就是「照著自己的節奏一直畫」。她說，那段時間最困難的不是學技巧，而是每天要對抗「我會不會只是浪費時間」的想法。

她並不是因為自信才堅持下去，而是因為堅持了一段時間之後，才慢慢建立出一種穩定感。她形容那像是在心裡鋪一條小路，每畫一次，就多一塊石頭。等走得夠久，才發現自己已經有路可走。

自信其實就是這樣來的。不光是站在原地說服自己，而是願意走幾步之後，回頭發現：原來我真的走過來了。這種「經驗感」是累積出來的，它不快，也不能假裝。你可以裝得有自信，但那只是表情與語氣的表現；真正穩定的自信，來自那些不被看見的反覆練習、累積與經歷。

第三章　自信是練出來的感覺

　　這也是為什麼心理學家卡蘿・德威克（Carol Dweck）所提出的成長思維（growth mindset），被視為建立自信的重要基礎之一。這套理論的核心在於——能力不是固定不變的，而是可以透過練習、錯誤與持續調整慢慢培養出來的。這樣的觀點，讓人從「我做不到」轉變為「我還沒學會」；從「我不夠格」轉向「我可以試試看」。

　　一旦一個人願意開始嘗試，他就會開始累積經驗；而當這些經驗日漸增長，他的內在也會慢慢建立起某種信念：我有能力進步、我有可能辦到。這種信念，不需要從他人肯定中獲得，也不依賴天賦的判斷，而是來自一段段他與自己努力過的歷程。它是一種實踐出來的記憶結構。

　　從這個角度來看，自信的起點不在結果，而在開始嘗試。因為只要開始，一切就不再是「我不會」，而是「我正在學」。

　　我曾在心理諮商中遇到一位準備轉職的工程師，他想從軟體業跳到社會設計相關的領域。過去他總覺得自己邏輯清楚、效率高，卻在考慮這次轉職時陷入高度不安。他說：「我好像沒有什麼可以證明我真的適合做這件事，因為我背景一點也不相符。」我們聊了好幾次，才慢慢釐清，他其實早已在非營利組織做了多場設計志工，也曾發起過社群合作計畫。他不將那段經驗當一回事，因為那些事他是「喜歡做」

1. 行動過的人才有相信自己的證據

的,而他不覺得那算能力。但事實上,正是這些他曾經主動參與、投入、完成的歷程,才是他最有力的自我證據。

很多人把「自信」想成一種信念,但那其實更像是一種證明。你需要累積到足夠的「我做得到」經驗,才能在懷疑自己時不會立刻被打垮。這種證明,是你自己一步一步做出來的。當你站在下一個挑戰面前時,過去那些「我真的有做到」的記憶,就會成為你的後盾。

當然,也會有那些做過仍然懷疑的時刻,這是人之常情。有時你完成了一個任務,但覺得那只是運氣;有時你得到一個機會,卻懷疑自己是不是撿到便宜。但如果你願意停下來回顧,那些你真正投入過的努力、那些你曾經不會但後來學會的技能、那些你咬牙完成的過程,都是你未來自信的基礎。

也有些人會說:「那我就是沒有成功經驗啊,我做很多事情都半途而廢。」這種情況下,我們可以問的是——你每次停下的原因是什麼?你在哪個點放棄?是否其實是你「太快想要看到結果」?在自我效能的研究中指出,初期行動的延續力,來自於任務是否具體且可以自我掌控。也就是說,當我們設定的起步目標太大、太遠,會讓我們在還沒開始累積時就被自己的焦慮壓垮。與其想著「我要成為⋯⋯」,不如先從「我這週能做什麼」開始。只要有一個

第三章　自信是練出來的感覺

可以完成的任務,你就會在做完那件事的時候,獲得一點點動力與穩定感,而這些累積起來,就是我們說的那種「我做得到」的證據。

一位正在準備考轉學的高三學生在輔導會談中提到,他的最大困難是「覺得自己不夠格」。他說看到別人從小補習、成績好,而自己是後來才醒過來,總是覺得「怎麼追都追不上」。但當他開始用番茄鐘法讀書、把每天的進度記錄在日誌上,兩週後他回頭看,發現自己已經完成了四份模擬考題、重新整理了一整本歷史筆記。他說那一刻他沒有突然信心爆棚,但有一種感覺是:「我好像沒有自己想得那麼糟。」這就是自信初步長出來的樣子。

行動,是最具體的說服方式。你不必先相信自己,只要你先做一點點,那個動作本身就是一個心理訊號:我願意嘗試。而每一次你這樣出現,哪怕只做五分鐘、寫一段內容、練一次聲音、提出一個點子,你的心裡就多一個記憶 ——「我沒有逃避」。而當這些記憶變多,你就會開始產生一種沉穩的感覺,不再需要每天用語言說服自己「可以的」,因為你已經做過很多次了。

2. 有底氣的人，不需要表演自己

　　有些人在人前總是侃侃而談，開會能快速應對、社交場合能自如切換話題，看起來游刃有餘。別人常說他們「很有自信」，但實際上，他們心裡可能並沒有那麼篤定。每一次說出口的話、做出的決定、甚至臉上的表情，都經過層層思考與預測，目的不是為了真實表達自己，而是要維持住「看起來是那樣的人」。久而久之，他們甚至會對自己的外在樣貌產生依賴，因為那是他們用來「確認自己還不錯」的工具。

　　真正的自信，其實並不是關於別人怎麼看你，而是你能不能在沒有掌聲、沒有認可的時候，仍然覺得自己站得住腳。當你對自己的想法、價值、行動有一套清楚且穩定的評價機制時，那種穩定感才會成為支撐你面對外界的基礎。

　　心理學家邁克爾·凱爾尼斯（Michael Kernis）與布萊恩·高德曼（Brian Goldman）提出「自尊穩定性」（self-esteem stability）的概念，用來說明表面看起來自信，卻內在脆弱不安的心理機制。他們指出，自尊不只是高或低的問題，更關鍵的是穩不穩定。有些人雖然表現出高度自信，談吐自如、行

第三章　自信是練出來的感覺

動果決,但實際上對外界的評價極為敏感,一旦遭遇否定或批評,就容易出現過度反應,甚至情緒崩潰。

這類不穩定的自尊,如同把信心建構在漂浮木上:外觀看似站得穩,內裡卻充滿了焦慮與懷疑。這樣的心理狀態,並非因為對自己毫無認知,而是自我價值過度仰賴外在反饋,只要周遭的期待改變、掌聲變少,內心的安全感也會隨之崩解。換言之,這是一種信心結構過於脆弱、無法自主維持的狀態。

我曾認識一位在媒體工作的朋友,對外總是能談笑風生、主持大型活動也毫不怯場,任何人看來都會以為她「天生就有自信」。但她私下卻常陷入極大的不安。只要一篇貼文互動不如預期、一次會議被質疑決策判斷,她就會開始懷疑自己是不是「快不行了」。她說,那種感覺像是突然被抽走了力量,卻又找不到補充力量的方法。

後來她開始做一件事:每天花幾分鐘寫下當天自己覺得值得肯定的一件事,無論多小。起初她覺得這種寫作很尷尬,但是幾週之後,她開始發現自己其實一直都有在做決定、面對困難、穩住節奏,只是這些事在沒有觀眾時,她自己都沒記得。

那樣的練習,讓她慢慢不需要時時依賴「看起來像樣」這件事來確認自己的存在。她沒有變得更亮眼,而是變得更

2. 有底氣的人，不需要表演自己

沉穩。那種沉穩來自一種知道：「就算別人看不到，我也知道我正在做什麼。」

自信從來不是「讓別人覺得你很可以」，而是「你知道自己有什麼、不需要什麼、還在努力什麼」。這種確定感，需要時間去建立，也需要一個人願意和自己相處。

我們太習慣用他人的反應當作鏡子。點讚數、掌聲、面試官的表情、對話中的微小語氣，這些東西都可能變成衡量自己好不好的依據。當我們長期倚賴這些鏡子來確認自我，久而久之，會變得極度敏感，稍有負評就感到不安，稍有冷場就懷疑自己。這樣的狀態，與其說是缺乏自信，不如說是缺乏「自我評價機制」。

穩定的自信並非來自外在條件，而是來自內在結構。心理學研究指出，當一個人對自己的核心價值與長期目標有明確感時，即使短期遇到挫折，也比較不會出現強烈的自我否定。這種內在結構，像是你的心理地基。只要它穩，即使上面建築有一時的歪斜、修整，也不至於整體坍塌。

有位個案在準備升遷競爭時陷入極大焦慮。她說她並不怕工作難，而是怕如果沒被選上，會讓大家覺得她沒那麼好。她過去一向被視為「可靠」、「表現好」、「做事有邏輯」，但正因如此，她的自信建立在「別人持續覺得她可靠」的狀態上。這樣的期待一旦受到威脅，自信就會跟著鬆動。我們

第三章　自信是練出來的感覺

談了幾次後,她開始嘗試把自我評價拉回到她自己可控的事情上,例如:「這個簡報我是否有充分準備」、「我能否清楚表達我的想法」、「我是否忠實於自己的判斷」。這樣的轉移讓她慢慢找回行動感,也讓她感覺不再那麼依附於別人的反應。

這個轉變的關鍵,不是讓她「不在乎別人的想法」,而是讓她「不被別人的想法定義」。當你有自己的標準,你依舊可以聽見別人的聲音,但是不需要急著修改自己。你在接受外界提醒的同時,也可以維持自己的方向。這種彈性與清晰並存的狀態,就是心理上真正的穩定。

另一位學生在面試前常常緊張到說不出話,他說自己很想要展現得自信一些,但每次一看到評審就心跳加速、腦袋一片空白。他覺得自己就是「不夠有自信的人」。我們討論後,他開始試著把「自信」這件事拆開來看。他發現自己不是什麼都不會,只是面對陌生場合時會過度關注對方表情,然後開始懷疑自己。後來他在練習時改變了一個小做法——先想好兩三個自己真正想傳達的重點,不管問什麼問題,都讓自己至少講到這些。他說:「我還是會緊張,但我知道我不是在他人面前表演,而是在說我自己覺得重要的事。」

雖然他依舊會緊張,但這個改變讓他多了一點主動感。

2. 有底氣的人，不需要表演自己

他開始理解，自信不是表現得完美，而是知道自己想要表達什麼；不是講得多順，而是敢講自己認同的內容。當他開始這樣練習，他的表達還是偶有卡頓，但至少在講完後，他不會覺得自己表現得很糟糕。

很多人以為自信就是「讓別人覺得我很可以」，但真正有自信的人，往往不是講話最有氣勢的，也不是穿著最得體的。他們可能說話慢一點，也可能還在摸索，但他們知道自己在做什麼。他們不怕說「我不知道」，也不需要急著證明自己不錯，因為他們的力量來自內部，而不是舞臺上的光。

如果你總是在意自己表現得夠不夠好，那不是錯，只是提醒你也許還沒學會用自己的標準看自己。你可以慢慢問：這件事對我來說有多重要？我做的這些事，有沒有符合我自己的價值？我是否清楚自己在努力什麼？當這些答案開始變清楚，你就會發現，外界的評價雖然會影響你，但不會再主導你。

你可以表現出自信，也可以一時慌張；你可以講話流暢，也可以偶爾結巴；你可以做得不完美，也可以修正。真正的穩定，不是要你永遠看起來很好，而是讓你就算不完美，也不會因此懷疑自己。

第三章　自信是練出來的感覺

3. 真正的自信，是面對不確定也不退縮

有些時候，我們不是因為害怕失敗而停下來，而是因為事情還沒「看起來可以成功」，我們就不敢開始。我們希望有更明確的條件、更充分的準備、更大的勝算，才有信心往前。但是現實中，大多數真正重要的選擇，都不是在你準備好以後才出現的；真正的自信，也不是在你百分之百確定會成功時出現，而是在你知道自己可能會失敗，仍然願意試一次的那個當下。

人很容易將「確定感」當成前進的條件。當你知道該怎麼做、別人也給予支持、計畫清楚、成果可見，你就比較不會猶豫。但是如果方向模糊、他人意見分歧、過程複雜又看不清出口，就算只是起步，也會變得特別難。這時候，不確定感會像一堵牆，堵在你面前。

所謂的成熟自信，往往不是來自「我已經準備好了」，而是「即使還沒有答案，我也知道我能面對」。這種能力，是透過一次次面對模糊與風險後，慢慢建立起來的心理穩定。

3. 真正的自信，是面對不確定也不退縮

心理學研究中對於風險承擔傾向（risk tolerance）與不確定容忍度（tolerance for uncertainty）有廣泛探討。其中一項重要發現是：當一個人能夠心理上接受「當下尚未完全掌控」的狀態，他反而更能維持穩定的行動節奏，並在複雜情境中做出有效調整。這樣的人不一定更擅長規劃，但是他更能在計畫不完整、資訊不足的情況下，持續向前。

這種「在模糊中前行」的能力，反映的是一種內部調節機制——他不需要等到環境完全清晰才願意啟動行動，也不會因為控制感短暫喪失而全然停滯。他之所以能持續，是因為他接受了進展與不確定可以並存，並發展出相應的心理靈活性與復原能力。

這並非天生特質，而是許多高心理彈性（psychological resilience）者身上可觀察到的實踐模式。他們不以「穩定感」為行動的必要條件，而是讓行動本身成為調節內在狀態的一部分。

我曾為一位準備從公司離職、創業開設小型設計工作室的個案諮商過。他工作穩定、收入不錯，外人看來一切都在掌控之中。但是他說，他心裡其實已經動搖了快兩年。他想做自己的東西，也有初步的合作資源，但是總覺得「還不夠好」、「機會還不夠穩」。這樣的念頭讓他不斷拖延，計畫改

第三章　自信是練出來的感覺

了又改,永遠都卡在「接下來可能會……但我還不太確定」的迴圈裡。

後來,他鼓起勇氣啟動初步試營運,並安排了三場合作提案會議。他說自己那陣子每天都在精神拉扯,一方面興奮,另一方面又不斷設想最糟的劇本。結果第一場會議直接破局。對方臨時更動預算,談判中他又因緊張語焉不詳,最終沒能拿下合作。他當晚大受打擊,甚至一度想取消接下來的會議。但是隔天早上醒來後,他意識到:雖然失敗了,但這整個經歷並沒有把他擊倒,反而讓他更理解該如何準備下一次。他根據第一場的失誤改寫了簡報重點,練習了說明流程,調整合作條件。後來兩場提案雖然也不完美,卻都成功簽下。那段時間他雖然沒有很篤定的感覺,但是他開始感覺自己也許可以撐住。那份感覺,就是穩定的開始。

另一位正在考慮回到職場的女性,在家育兒多年後,對自己再進入專業場域感到極度不安。她說她每天都在想:「我到底還會什麼?」但她同時也在默默幫朋友寫活動企劃、參與社區專案、進修短期課程。這些行動都沒有明確的結果,不過讓她慢慢感受到自己沒有真的變「空白」。她說:「原來我有持續在做一些事情,而且做得還可以。」

這樣的認知,不是一句話就能轉變的,而是透過真實參與來累積。當你在不確定中待得夠久、做得夠多,你的心就

3. 真正的自信，是面對不確定也不退縮

不再那麼害怕模糊的不確定感。因為你知道，你不是一無所有地走進未知，而是帶著自己一路以來的歷程進入下一段挑戰。

在心理諮商中，我常遇到完美主義傾向強的人，他們總是希望「再準備久一點」、「再練習完整一點」才行動。這不是在拖延，而是習慣把「一切掌握好」當作自信的前提。他們把風險當成敵人，認為一定要清除所有風險才能前進。但這種對確定性的執著，常常讓人錯過了能夠讓自信長出來的過程。因為只有真的走進不確定，才有可能練習到應對不確定的能力。

你不需要知道結果會是什麼，你只需要知道——即使失敗，你仍然能處理；即使失望，你仍然能調整；即使動搖，你仍然能慢慢找回重心。

很多人以為自信的基礎是能力，但其實很多時候，自信的基礎是容忍力。你能不能接受自己在未知裡還沒找到答案？能不能忍受那段沒人鼓勵、不知道進度、甚至不知道方向的時光？能不能在還沒有結果時，仍然選擇每天做一點事情？這些，是最原始也最關鍵的信心練習。

如果你希望練習「在不確定中穩定前進」，可以從三件小事開始，這些行動不在於讓你立刻有感突破，而是建立一種「模糊也能持續」的能力。

第三章　自信是練出來的感覺

第一，設計一個不完美也能完成的行動格式。與其設定「完成一篇文章」、「練習到成果為止」，不如設計成「每天做 20 分鐘」、「每週做 3 次、不管成果如何」。這樣的格式不會強迫你達標，只要求你有所動作。這麼做的關鍵，是讓大腦學會「在不確定結果下也能動起來」。有一位寫作者告訴我，他從不設定字數目標，只規定自己每天早上坐在電腦前打字半小時，哪怕寫不出來也算完成。結果反而讓他寫得更穩定，也更少陷入「我這樣是不是沒效率」的自我否定。

第二，限制選項數量，降低每日心理阻力。不確定時最容易讓人卡住的，不是任務本身，而是「每天要不要開始」的內心攻防。所以把決策數量減到最少很重要。可以固定工作時間，例如每天早上 9 點到 9 點半，不必思考；固定場域與工具，例如就用這支筆、這本筆記本，不要每次打開三種 app 挑來挑去。有位正在準備轉職的讀者分享，他把練習簡報的流程設計成：「每天晚上 9 點，在書房講 10 分鐘給自己聽，結束就去洗澡。」這樣儀式化的流程雖然簡單，但幫助他在不確定方向的階段，仍然每天練習了一點。

第三，用記錄取代評價，讓自己看到「我一直有在累積」。你不必每天都覺得進展明確，也不需要判斷做得好不好，而是每天簡單記下自己做了哪些行動：閱讀幾頁、練習幾分鐘、完成哪個階段。這是一種行為回饋，不是成就回

饋。當你在焦慮的時候打開筆記，看到自己連續一週都有持續投入，即使幅度不大，也能感覺到自己的節奏還在。這樣的紀錄會幫你建立一種實感：我正在往前，不是停滯不前。

真正的自信，是你在過程中練習過「繼續」這件事。你也許無法篤定自己一定會成功，但是你已經懂得怎麼面對不成功。

第三章　自信是練出來的感覺

第四章
夢想，不只是浪漫的代名詞

第四章　夢想，不只是浪漫的代名詞

1.　「做自己」，是有方向地行動

　　在許多人的語言裡，「做自己」是一句常被誤解的話。有人把它當成藉口，在衝動或逃避時說：「這就是我，我只是做自己。」也有人因為太在意別人眼光，反而對「做自己」感到懷疑與排斥，覺得那聽起來像是一種不成熟的任性。但是真正的「做自己」，其實是對自己負責的一種行動選擇。它不是擺脫規則或情緒發洩，而是在清楚知道自己是誰、在乎什麼的前提下，願意為自己的價值付出行動成本。

　　我們常以為，只要一件事是自己開口說「我想做的」，就代表那是自主選擇；但實際上，動機的真實來源往往更複雜。心理學研究指出，當人陷入壓力時，也可能以「選擇」的語言包裝逃避。比如：說想換工作，卻其實只是想逃離眼前的衝突；說想沉澱自己，卻其實是無力面對眼前的挑戰。這些說法表面看起來像是自主，其實是一種「為了不面對」的選擇。

　　真正穩定且具持續力的行動，往往不是因為它讓你感到舒適，而是因為你相信它與你認同的價值有關。你可能並不確定會成功，也不確定能否被接受，但你知道它與你想成為什麼樣的人有關 —— 所以你願意嘗試、願意承擔。這樣的

1. 「做自己」，是有方向地行動

選擇，不來自情緒的驅使，而是一種價值與行動彼此對齊後的自我定位。

「做自己」，並不總是輕鬆的，而是願意為自己的信念而行動。就算內心沒有百分之百的確定感，也仍願意選擇面對——透過行動、選擇與結果的累積，逐漸明白哪一些是你願意持守的，哪一些又是你可以調整的，那才是更成熟的自主。

我曾諮商過一位從國際非營利組織轉往政策倡議工作的女性。她在 30 歲左右做出這個職涯轉向時，面臨極大的外部質疑。身邊的人問她：「妳不是一直說想影響體制？那為什麼不去考公職？」有些朋友甚至直接說她「太理想主義，最後會吃虧」。她曾一度懷疑，自己是不是真的只是「為了證明自己特別」才硬要走這條路。那段時間，她變得安靜，在會議裡不再提案，對於上級交付的任務只想快點做完，不願多講。

我們在對談中花了幾次時間分析，發現她其實對這條路有高度認同，只是當自己的選擇被貼上「情緒化」、「幼稚」的標籤時，她的內在就跟著動搖。後來她開始用記錄的方式，分析自己在不同任務中所做的決策邏輯與價值對應——她不是為了反抗而不走傳統，而是認為某些問題必須透過群體參與與實驗性制度設計才有可能產生影響。當她

第四章　夢想，不只是浪漫的代名詞

能夠說清楚自己的決策與行動，她便不再急著讓所有人認同她，而是開始在被質疑時，能有條理地說明自己的判斷依據。她說她沒有變得更強勢，而是開始由衷感覺「我講的話是站得住的」。

這樣的轉變，與其說是一種態度的改變，不如說是一種自我清晰感（Self-concept clarity）的逐步建立。她之所以變得更篤定，是因為她更清楚哪些價值是自己真正認同、哪些選擇是她願意承擔的。她不再只是回應外界的刺激或期待，而是在一次次選擇中，慢慢釐清什麼對她而言是有重量的、不可輕易妥協的。

這樣的過程，也許不明快或堅定，反而常常混雜著不安與猶豫。但即使如此，她的行動會越來越有方向感，因為每個決定都來自某種內在認可 —— 就算說出口的話不總那麼果斷，卻能確定那些話、那些選擇，是她願意為之站在那裡的理由。

另一位科技業中層主管，曾經是典型的「好同事」與「低調合作型」員工。他不喜歡衝突、傾向配合，也從不在公開場合講太明確的立場。他說這是「保護自己」，也覺得自己個性如此，沒有必要強行做改變。但是後來在一次產品評估會議中，他對某個核心方向提出了不同意見，並主動提出替代方案。那場會議之後，雖然有同事覺得他「突然變

1. 「做自己」，是有方向地行動

了」，卻也讓他感覺到一種久違的對齊感：他沒有在討好誰，只是在做符合自己判斷的事。

他後來分享，那次之所以敢講，不是因為他突然變得更有勇氣，而是因為那件事真的與他所認同的工作標準有落差。他說：「我以前之所以沉默，是因為總在擔心說出口會帶來麻煩。但那天我突然意識到，真正該擔心的，是如果我不說，事情可能會往錯的方向走。」這種轉變，不是從壓抑變成衝撞，而是從逃避變成選擇。

「做自己」不是要很強勢，而是你願不願意為你在乎的東西站穩立場。在能表達的時候表達，在該堅持的地方堅持，在可以讓步的時候讓步，但不是為了讓人喜歡，而是因為你知道自己在做什麼。

心理學上所說的內在動機，正是這樣一種狀態：不是被外界驅動去證明什麼，也不是為了對抗世界而選擇「走另一條路」。而是清楚知道 —— 這件事與我所認同的價值有關，我願意為此多花一些時間、承擔一些風險、接受一些人的不理解。當你在這樣的選擇中不再覺得「我是不是太衝了」、「我是不是在鬧情緒」，而是「我知道我在做什麼」、「我知道我在說什麼」，那才是真正意義上的做自己。

很多人誤以為「做自己」就是一種情緒自由、喜歡什麼就做什麼、不喜歡什麼就說走就走。但真正能持續「做自

第四章　夢想，不只是浪漫的代名詞

己」的人，其實都是高度紀律的人。他們不是隨心所欲，而是有意識地在為自己的價值建構出日常選擇的邏輯。

這樣的人，其實最少需要別人認同。他們當然會希望被理解，但他們的行動不是構建在掌聲上，而是建立在一套自己可以說清楚、站得穩的選擇架構裡。他們會懷疑、會微調、會再確認，但他們不會輕易否定自己，因為他們不是依賴情緒做決定的。他們知道，自己走的這條路，每一段都經過精心挑選。

如果你總在面對選擇時感到焦慮，不確定怎樣才算「做自己」，也許可以反問幾個問題：這個選擇，有沒有違背我所重視的事？我是不是只是在反對一個人，還是真的有自己的判斷？我願不願意為這個決定承擔可能帶來的不方便或誤解？如果你的答案越來越清楚，那麼即使你還不確定結果，也比較不容易懷疑自己。

做自己不是高聲喊出來的，也不是用來反擊誰的工具。它是你在一個又一個日常行動裡，用選擇慢慢累積起來的。

不是完美才代表堅定，而是你有機會選擇時，願意選一條雖然不容易，但與你內心方向一致的路。做自己，是有能力為自己開一條能走下去的路。讓你就算不完美，也不會因此懷疑自己。

2. 夢想的力量，在於它如何召喚行動

我們從小就聽過無數關於夢想的話語。「要有夢想」、「為夢想努力」、「夢想能帶你去遠方」——這些話聽起來熱血，也令人嚮往。但是當人真的走進生活，開始面對現實的時間壓力、資源限制與疲憊感時，那些話卻往往變得越來越遙遠。我們心裡可能還記得自己曾經想做什麼，卻也漸漸無法辨認，這些夢想還能為我們帶來什麼。

夢想最容易讓人誤解的地方在於，它看起來像是一個明亮的終點。人們往往以為，只要找到一個夠大的目標，自己就會自動有動力去追求。但實際上，真正能夠支撐你走下去的夢想，並不是一個能夠證明自己的舞臺，也不是一個可以逃避現實的出口，而是能夠和你現在的狀態產生連結、具體喚起行動的那種內在力量。

心理學中的目標設定理論（Goal-setting Theory），由埃德溫・洛克（Edwin Locke）與蓋瑞・萊瑟姆（Gary Latham）提出，指出一個目標若要真正產生動機效應，必須具備兩個核心條件：清楚與具挑戰性。簡單說，目標要能被明確描述，並且難度適中，讓人願意投入努力。

第四章　夢想，不只是浪漫的代名詞

　　但現實中，許多我們口中的夢想——「我想做自己喜歡的事」、「希望有一天能靠創作生活」、「想讓生活更有意義」——往往既模糊又遙遠。這些願望誠實而真切，但若沒有被進一步具體化，就難以成為當下行動的驅動力。它們像是一種美麗的遠景，令人嚮往，卻無法告訴你下一步該往哪裡走。

　　當目標只是概念，卻缺乏明確的行動提示時，它不僅難以支持持續努力，反而容易成為一種心理負擔。越渴望卻越無從著手，久而久之，這份渴望就從動力的來源，轉變為自我施壓的來源。夢想若不能被轉化為行動的入口，就只能停留在願望階段——而願望，是不會自己變成現實的。

　　曾有一位三十出頭的個案，他大學時熱愛音樂，曾經自己創作、表演、錄音，也一度想往職業發展。但是畢業後，他選擇了穩定的企劃工作，一方面為了經濟穩定，一方面也因為「音樂圈太難進」。十年過去，他已經是部門主管，但是對音樂的渴望卻沒有消失。他說：「我每天都會想，如果當初再堅持一點，現在會不會不一樣？」這份思緒讓他時常陷入自責，也讓他開始不斷想像「如果有機會回去創作會如何」。

　　我們談了幾次，發現他其實並不是真的想辭職去當音樂人。他真正的渴望，是希望自己能重新與創作產生關係。我

2. 夢想的力量，在於它如何召喚行動

們後來設定了一個具體練習：每週花兩晚各 30 分鐘，錄下自己的聲音，內容不限，可以是即興旋律、也可以是談生活。這個任務沒有發表、沒有標準，只有紀錄。他一開始還是會問自己「這有什麼用」，但幾週後，他開始期待這個時間。他說：「雖然也許和寫歌沒有直接關係，但我開始覺得自己還能創造什麼。」這就是夢想轉化為行動後的結果 ── 它讓你回到一種可以實踐的狀態，而不再只是懸在腦海的對比對象。

在心理學中，這類行為上的具體化練習被稱為「實行意圖」（Implementation Intentions），由彼得‧戈爾維策（Peter Gollwitzer）提出。它的核心不是你想做什麼，而是你為這件事設下了明確的啟動條件與執行方式。與其說「我想恢復創作」，不如說：「每週三晚上八點，我打開電腦錄音，不管內容是否理想」。這種具體的安排，看似簡單，卻能顯著提升你實際開始行動的機率。

夢想本身或許充滿力量，但真正能驅動行動的，往往不是夢想的崇高，而是你是否替它找到一個可以從現在啟動的切入口。一個願望如果沒有被轉化成行為，它就只會停留在想像裡；而當你給它一個明確的開始時間與方式，它才有機會變成現實中可累積的事。

另一位個案是文學系出身的女性，畢業後在行銷領域工

第四章　夢想，不只是浪漫的代名詞

作多年，總覺得自己離寫作的夢想越來越遠。她說她曾試著每週寫一篇散文，但總是寫幾次就中斷，然後陷入「我果然不夠有才華」的自我批評。後來我們把目標從「寫完作品」調整為「每週記錄 3 段觀察到的對話、感受或場景描述」，不限長短、不需完成稿子。這種設計降低了啟動門檻，也讓她不再只把寫作當成作品輸出，而是一種與自己連結的練習。她後來自己說：「這種小段落，讓我重新開始把寫作當成生活的一環，而不是一定要成果的表現。」

這兩個例子都不是「實現夢想」的成功故事，但它們都有一個共同特點：夢想不需要外界的認可，而是讓人感覺「我和它還有關係」、「我正在靠近它」。

如果一個夢想只會讓你越想越遙遠，那可能是它在你心中仍處於「崇拜型想像」。真正能與你產生連結的夢想，不是你嚮往的，而讓你願意為它每天撥出一點力氣的。它的功能，是讓你在當下願意做出選擇和行動。

很多人誤以為夢想就是「熱愛的極限狀態」，所以當生活不如預期時，便認定「我不適合有夢」。但夢想其實更像是一個偏好與承諾的交會點。它不是全有或全無，而是你願不願意讓它在你的人生裡占一點位置 —— 每週 30 分鐘、每月一頁筆記、每季一次練習。

我們都渴望意義感，但意義不是自動出現的，它來自於

2. 夢想的力量，在於它如何召喚行動

你與某件事之間的反覆互動。夢想能不能召喚行動，取決於它是否讓你產生「我現在可以做點什麼」的念頭。如果你的夢想總是只存在於某個將來、某個條件完備的時間點，那麼它終究只是你幻想的對象。而當它開始讓你想排出一個時段、建立一個檔案、或者整理一個資料夾，那就代表它已經進入了你的行動系統。

當你每天做一點，哪怕只是一點點，也會讓你不再只是懷念自己曾經的渴望，而是重新開始參與那份渴望。

第四章　夢想，不只是浪漫的代名詞

3. 現在的你，能為未來的你多做一點什麼？

有些事當下沒什麼感覺，但幾年後會變成遺憾；也有些選擇，雖然短期內沒什麼改變，卻慢慢讓你的人生開始往不同的方向走。很多人都是等到後來才意識到，所謂的「未來」，從來不是突然出現在某刻的，而是自己每天走出來的。

問題在於，我們對「未來」的感受，往往是模糊的。當你想像未來的自己，也許會浮現出一個理想狀態——更成熟、更穩定、更健康、更自由。但如果這個形象無法被拉回到今天的行動之中，它終究只是停留在期待的層面上，無法對當下的選擇產生實質的牽引力。

心理學家菲利普・津巴多（Philip Zimbardo）在他的時間觀理論（Time Perspective Theory）中指出，不同的人對未來的連結感有明顯差異。有些人能夠具體感知「現在的選擇會影響未來」，因此較能為長期目標作出調整；但也有些人對未來缺乏實感，導致行為模式偏向短期回饋與當下滿足。

這也解釋了為什麼我們總是對自己說：「晚點再弄就

3. 現在的你，能為未來的你多做一點什麼？

好」、「等有空再做」、「反正還早」──不是因為不重要，而是因為未來在當下的感覺太不具威脅性，甚至有點像一種虛無。於是，我們自然傾向選擇那些立即能感受到結果的事，而把那些需要耐心累積、短期難以見效的行動，默默往後排。

我曾遇過一位 40 歲的男性，他在科技業擔任管理職多年，工作上沒有問題，但身體狀況一直被他忽略。他說：「年輕時熬夜工作、外食、抽菸，覺得身體有點累就休息一下，沒什麼大不了。」但當他在年度健檢中被醫師告知「你現在不改變，五年後會後悔也來不及」，他才開始意識到從前的自己對「未來」並沒有真實的感覺。他說：「我一直以為，未來的我自然會處理這些事，但我從沒想過可能會來不及。」

這樣的轉折讓他開始每週固定兩次運動、調整飲食習慣，甚至重新安排工作時間。他說這些行動剛開始很難堅持，因為看不出變化。但是過了幾週，他發現一個關鍵轉變：「我發現，讓我持續下去的，是那種對未來的自己有一點責任感的感覺。」

這種心理轉向，就是時間觀與責任感產生連結的瞬間。當一個人能從「我現在舒服」轉向「我想替未來的自己多做點什麼」，他就會開始重新設計生活節奏與選擇標準。

心理學中的「延遲滿足」理論 (delay of gratification)，

第四章　夢想，不只是浪漫的代名詞

由沃爾特・米歇爾（Walter Mischel）提出，所強調的是你是否願意為了一個更遠、但更有價值的回報，在當下做出相對辛苦的選擇。這看似是意志力的問題，其實更關乎一種能力：你能不能感受到那個未來的自己、那個還沒發生，但值得努力的可能性。

如果未來在你心中是清晰的、具體的，並且與你的目標有深刻連結，那麼你就比較有可能為了它去推遲眼前的滿足；反之，如果未來對你而言只是一種模糊輪廓，或僅僅是「應該更好」的空泛期待，那麼當下的誘惑自然就顯得更具吸引力，也更容易奪走行動的主導權。

另一位來談者則是在面臨職涯轉換時，對過去累積的遺憾感到焦慮。他說他在30多歲時就想換領域，但總覺得「還沒準備好」、「不是時候」。結果到了40歲，原本的產業開始衰退，他才意識到自己早就該離開。他說：「我一直以為自己還有時間，總覺得可以再等等，結果等著等著，就這樣過了。」這句話點出一個核心盲點：人太習慣把「開始」交給模糊的某個之後。

我們討論後，他決定開始一個「為未來版本的自己行動30天」的計畫。每天花15分鐘學習新技能、記錄一件當天的反思、做一項財務規劃。他說這些事情都很小，但讓他第一次感覺「我真的有在對未來做點什麼」。

這些微小行動的本質是連結。當你在今天做了一件不為當下好處、卻能幫助未來的事，你會開始建立起一種內部對話：「我現在這樣做，是為了讓那個版本的我，活得比較輕鬆一點。」

如果你也曾有過「時間好像一直在跑，但我不知道自己有沒有真的在前進」的感覺，那麼你可以從幾個非常小的地方開始練習。以下這三個行動，不需要長時間，不需要自我說服，只需要一點點空間與重視。

第一，固定一個未來導向的生活節奏。與其設下高標的計畫，不如設定一個「跟未來有關」的時段。例如：每週五晚上 30 分鐘，檢視自己的財務紀錄；每週三早上寫一段未來 3 個月的規劃更新。這樣的時段不必追求效率，而是提醒自己「有個方向在前面」。

第二，為未來的自己寫信。你可以設定三個月、半年或一年後的收件對象，就是那時候的你。信裡可以寫下此刻的疑問、期待、恐懼與嘗試，甚至留下幾個問題請他回答。這是一種極有效的時間對話練習，是讓你在動搖時，回頭確認自己曾經是怎麼想、怎麼決定的。

第三，每天記下一件為未來做的事，不論多小。這件事可以是早睡 10 分鐘、閱讀兩頁、忍住想抱怨的念頭、拒絕一筆衝動消費。只要每天記下自己做過的那一小步，這些紀

第四章　夢想，不只是浪漫的代名詞

錄會幫你確認：你有在持續前進，沒有停下來站在原地。

人真正的穩定感，從來不來自「我知道我會成功」，而是「我知道我沒有把今天交給模糊的明天處理」。每一次你願意為未來的自己做一點什麼，你其實就是在讓那個未來版本的自己過得更好一點。

當你不再把選擇寄託在「總有一天」，而是願意在今天就開始調整，那你就已經走上了通往未來和夢想的路。

第五章
你可以現實，但不必悲觀

第五章　你可以現實，但不必悲觀

1. 看清現實，才能選擇如何前進

當人陷入困境時，最本能的反應，往往不是想清楚下一步怎麼走，而是試圖逃避當下的狀況。明明知道有問題，但因為現實看起來太難了——難到一旦真正面對，彷彿只能接受「我輸了」這個結果。

真正讓人痛苦的，往往不是現實本身，而是我們長期不去直視現實所造成的模糊焦慮。當某件事的輪廓始終模糊不清，你就會開始反覆猜測、懷疑自己、幻想各種可能性，卻始終不敢下決定。你看起來好像還在思考，其實內在早已陷入一種無法啟動的停滯狀態，最基本的行動也難以展開。

心理學將這種狀態視為一種現實逃避的認知傾向：眼前的情境是真實的，但是我們的認知仍試圖用想像、否認或過度期待去取代它。這不一定是逃避責任，很多時候，只是因為承認現實本身就令人難以接受。承認某段關係已經結束、承認自己即使再努力也無法回到過去熟悉的領域，這些都會伴隨著失落、哀傷，甚至自我價值的震盪。

也因此，許多人寧可維持一種模糊的可能性，與現實保

持一點距離——不說破、不面對、不決定。就這樣在反覆假設與內心對話中消耗,直到內在資源慢慢耗盡,卻依然停留在原地。

我曾經協助過一位四十出頭的男性,他在傳統產業工作多年,近年來公司規模不斷縮編,他的部門從原本 15 人只剩 3 人。雖然他每天仍努力工作,也定期參加培訓課程,但每次我們談到轉職可能性時,他總是說:「我想再撐一下,也許明年會好轉。」這個「也許」他已經講了兩年。

我們一起做了一次完整的產業評估,他終於看見現實的輪廓:整個產業未來三年幾乎沒有擴張可能,相關職位需求持續下滑。他安靜了一會後說:「我知道了,但我不知道自己還有什麼能做的。」這是很多人在面對現實時最真實的心理反應——害怕在看見事實以後,會不知道該怎麼做。

就在那次會談之後,我們轉向討論他曾經做過哪些「不是主業,但有累積經驗」的事。他提到過去五年,他曾幫不同單位做內部簡報設計,也在社區大學開過幾次課。這些事都不是收入來源,也不是他花最多時間的事,但他發現自己其實喜歡整理資料、教人理解複雜的知識。於是他開始重新設定轉職方向,不再以同產業為主,而是朝向「知識整理與教育培訓支援」的角色。他參加了一個轉職實驗計畫,在半年內完成了三場跨部門培訓協作。雖然收入還沒有穩定,但

第五章　你可以現實，但不必悲觀

他說：「我終於沒有再等『撐過去』，而是在想，現在能往哪裡走。」

這就是看清現實後才有可能產生的轉向：你不再等一個不確定的改善，而是開始動手建立新的選擇空間。

另一個案例是來自一位正在照顧年邁母親的女性。她是家中長女，從母親罹病開始就辭職回家照顧，這一照顧就是三年。她說她一直告訴自己「撐一下就好」，等母親狀況好轉、等弟弟調職回來、等政府補助到位，但這些事始終沒有發生。她在第三年初發現自己身心俱疲，開始出現記憶混亂、易怒、失眠等症狀。我們談話的那次，她說：「我有一種自己像被困住的感覺，可是我不敢跟別人說。」

這樣的心理負擔，其實來自一個長期累積的邏輯錯誤：她以為承認「我撐不下去」就等於「我不夠孝順」。但當她開始用行為記錄方式，回顧自己三年來的照顧歷程，才發現自己做了超出任何人的標準。她說：「我不是不夠努力，我是太孤單了。」

我們沒有立刻談解決方案，而是先協助她建立「不依賴好轉才行動」的決策模式。她學會設定照顧界線，例如每週一天由親戚或外包照服員協助；她開始允許自己對他人說「我需要請假」，不再理所當然地承擔所有照顧責任。幾個月後，她仍在照顧母親，但已能夠安排自己的休息與交際活

1. 看清現實，才能選擇如何前進

動，也開始重新接案接觸原本的職業領域。她說：「以前我都在等事情變簡單，現在我在主動讓事情變簡單。」

這就是看清現實後，才能產生的行動選擇。現實並不會自動帶來答案，但它會幫你終止那些持續拖累你的等待幻想，讓你開始有餘裕去調整策略。

很多人以為正向思考是解方，但當一個人不願看清現實時，任何正向都變成自我說服；相反的，當你看清現實，你才能決定「我現在這個狀態可以做什麼」，而不是把選擇權交給模糊的未來。

心理學上將這種能力稱為「問題導向處理模式」(problem-focused coping)，意思是你把注意力從情緒退回到可行的行動上。不是壓抑情緒，而是承認它存在，同時問自己：「我能從這裡開始改變什麼？」

如果你正處於一個讓你感到卡住的階段，不妨先從以下幾件事開始：

第一，明確寫下你目前的現實條件。不是想要什麼，而是你現在真正擁有什麼、正在面對什麼。寫下來可以幫助你從抽象的焦慮進入具體的盤點。

第二，辨認出你在哪些地方還有行動選擇空間。整個局勢可能難以撼動，但是你也許調整自己的步伐，例如挪出固

第五章　你可以現實，但不必悲觀

定時間、降低對完美的要求，或是用不同的方式完成同一件事。你不需要掌握全部，只要找到自己可以插手、可以調整的部分，就已經是在重建選擇感了。

第三，安排一個沒有「進展壓力」的行動起點。有時候現實看起來太沉重，是因為我們對行動預期太高。試著把第一步設成「收集資訊」、「對一個人說出口」、「寫下三種可能性」這種沒有成敗壓力的動作，讓你重新站起來。

我們都會希望自己不要那麼辛苦，但與其花時間期待來自外部的改變，不如先讓自己的視線變清楚一點。當你看清楚了，就不會再一直問「為什麼這麼難」，而會開始問「現在我可以怎麼做」。

你不需要等全部都好轉才做選擇，有時候決定要看清楚，就已經是選擇的一部分。

2. 學會與負面思考溝通

當你感到焦慮、不安、預測失敗的風險、懷疑自己會搞砸一切時，那些被稱為「負面思考」的內容往往會迅速湧現。多數人學到的反應，是把這些想法視為雜念、障礙，甚至敵人。他們試著分心、忽略、壓抑，或者對自己說：「不要想那麼多。」

但這些方法通常撐不了多久。因為那些想法沒有被處理，只是被短暫地關進心裡的倉庫。它們會在你壓力變大、控制力變弱的時候，一次全部湧出來，甚至變得更混亂、更強烈。

情緒調節理論指出，當我們面對情緒的第一反應是「希望它趕快消失」，就很容易進入一種壓抑策略（suppression）。這是心理學家詹姆斯·格羅斯所定義的反應後調節方式，指的是試圖壓制情緒的外在表現。這種策略短期內可能讓你看起來冷靜，但長期會造成內在壓力的累積，降低行動效率，甚至影響身體健康。

尤其在面對重要抉擇或高風險任務時，若你沒有學會接納自己的焦慮、處理它、轉化它，那股情緒往往會轉變為拖延、否認，甚至轉向自我攻擊。問題不在於你有這些情緒，

第五章　你可以現實，但不必悲觀

而在於你怎麼與它們相處。

真正成熟的心理韌性，不是把負面想法擋在門外，而是懂得辨識它們出現時的訊號、釐清它們的組成、並找到一套可以實際回應的方式。你逐漸成為一個能調節、回應情緒的人。

我曾經諮商過一位工程背景的創業者，他說他每天都在焦慮：「如果下一輪資金沒下來怎麼辦？」、「如果我錯估市場了呢？」、「如果我的團隊開始懷疑我呢？」這些擔心不是空穴來風，而是有依據的現實可能。他也因此無法好好睡覺、每次簡報前都冒汗，甚至開始懷疑自己是不是根本沒資格當領導者。

我們沒有直接對抗這些想法，而是一起把它們拆開。他寫下一張紙條，列出每一個他最常出現的擔心句。然後逐句討論這些句子背後的心理語言。例如「如果資金沒下來我會被投資人認為沒能力」這句話，實際上包含兩層：外部事件的發生（資金問題）與自我評價（我會被否定）。我們開始幫每個擔心分層 —— 第一層是事件評估，第二層是內部詮釋，第三層是可以採取的因應方式。

他後來將這個流程做成一份自己用的焦慮處理表格。每當他腦中出現高密度負面預測時，他就不是直接跳進「怎麼辦」的情緒裡，而是問自己：「我現在是在第幾層？」這個簡

單的結構,讓他的腦袋有了一個暫時的停靠站。他說:「我還是會怕,但恐懼不是最重要的情緒了。」

這樣的策略屬於一種「結構化擔心處理」的實踐方式。它不是要把擔心清除,而是要讓擔心能夠被拆解、分類、進入邏輯處理流程。這與許多流行的「正向思考訓練」截然不同:它不會假設你有能力忽略痛苦,而是假設你可以學會跟痛苦打交道。

另一位個案是設計領域的自由工作者,她的問題不是焦慮來得猛烈,而是持續而低頻的懷疑感。「我總是在做選擇時反覆回頭問:這樣會不會錯?有沒有別種更好的解法?這樣做對嗎?」這是大腦對風險預測的意識過強,導致她在沒有明確失敗時,也無法安心往前。

她的練習方向不是讓自己停止懷疑,而是為懷疑安排一個時間與位置。我們建立了一個叫「反問筆記本」的工具:當她在工作過程中浮現反覆提問時,不立刻處理,而是寫下來,並在每天結束前回顧這些反問句。然後她會依據三個標準去分類:這句話是實質問題(需要查證)、決策分歧(需要選擇)、還是情緒語言(只是擔心)?她說:「這個練習讓我第一次覺得,原來我有能力整理自己的懷疑。」

這種能力,就是為「負面思考」建立結構的練習方式。當一個人的內在語言開始變得可以分類時,思緒比較不會混

第五章　你可以現實，但不必悲觀

亂。而這樣的改變，會讓你更勇於做決定。

心理學家阿德里安・威爾斯（Adrian Wells）在提出「後設認知治療」（Metacognitive Therapy）時指出，焦慮本身並不是問題，真正造成困擾的，是一種沒有邊界、缺乏結構的過度憂慮。這種憂慮會讓你困在反覆思考與無法行動之中。

威爾斯強調，如果一個人能夠針對焦慮建立出清楚的「時間限制」、設想可能的「反應選項」，並學習將問題「分層處理」，那麼憂慮不再是干擾，而能轉化為釐清風險、聚焦目標的資源。焦慮感因此有了出口，不再只是情緒的堆積，而能成為行動前的準備。

關鍵不在於完全停止擔心，而是讓憂慮有結構，讓它回到它原本該有的功能：幫助你預判困難，而不是癱瘓你面對挑戰的舉動。

如果你也常陷入反覆擔心、無限拉長的風險預測，建議你可以從以下三種做法開始，練習為負面思考建立結構：

1. 建立「焦慮分層卡」

將你的擔心寫下來，並分成三層：

- ◆ 事件：我擔心什麼事情會發生？
- ◆ 詮釋：我對這件事的解讀是什麼？
- ◆ 結果：這個想法會讓我採取什麼反應？

這個分層卡幫助你將模糊的壓力解壓縮成具體的心理語言，減少情緒主導判斷。

2. 安排「擔心回顧時段」

不用逼自己隨時處於正面積極的心態，而是安排每天一個時段（例如下班後 30 分鐘）來看這些負面想法。你可以寫下它們，分類選擇處理與不處理的內容。這種訓練，有助於緩解長期高頻率的焦慮侵襲。

3. 為每個擔心配上一個小行動

不是所有焦慮都能馬上解決，但你可以為每一項擔心配上一個「可以開始做的動作」，哪怕只是收集資訊、寫一封信草稿、或安排一次討論。這個動作不一定會一步到位解決問題，但會讓你開始產生心理上的主動感。

這三個方法會讓你知道：你可以在有疑慮、有懷疑、有不安的狀態下，繼續前進。

負面思考之所以讓人耗損，是因為它總是被我們丟到心裡最暗、最亂的那個角落。但當你願意攤開它、拆解它，並給它一個結構時，它就會變得可被處理。你不需要壓抑它，也不需要害怕它，你只需要練習和它共處的方式。

第五章　你可以現實,但不必悲觀

3. 真正的成熟,是擁抱有限的選擇權

成熟,並不來自掌握越來越多的選項,而是在選擇逐漸變少的情況下,仍能清楚地知道自己要什麼。每個人都會遇到這樣的時刻:局勢難以掌握、資源有限、機會看似收窄。你目前可能還無法踏上心中最理想的康莊大道,但你仍然可以決定,要如何走眼前腳下的這段路。

在心理學與社會學交會的理論中,這種能力被稱為「有限條件下的能動性」(bounded agency)。它的重點不在於是否能改變環境,而是個體如何在不完美的條件中,仍然保持對方向的判斷與對行動的承擔。當人能夠辨識自己的價值排序、理解自己為什麼選擇這麼做,即使選擇本身有限,那依然是屬於自己的行動。

真正的能動性,體現在這些時刻:你知道現在的局限在哪裡,也知道自己為什麼還願意走下去。

我曾訪談過一位中年職人,她原本在北部經營穩定的設計教學事業,後來因為家庭需要舉家南遷。環境、步調、職涯結構與人脈資源完全不同,讓她原本的教學模式幾乎無法

3. 真正的成熟，是擁抱有限的選擇權

運用。她一度陷入對自己的懷疑——「是不是再也沒辦法做回原來的自己了？」

最初的幾個月，她嘗試照搬過去的經營策略。她上架過往課程內容、聯繫新城市的文創空間，甚至用社群媒體打廣告，但是回應極少，幾乎全數無效。她形容那段時間像是對著空氣努力，「每天早上打開電腦，看到的都是未被回應的訊息」。某天深夜她寫下：「我是不是被淘汰了？」那是一種失去方向的空白。

她後來改變策略，不再堅持「回復原樣」，而是開始設計從零開始的產品流程。她放下過往累積的格式與價值指標，轉而重新定義教學目標、合作對象、收費標準。她主動前往在地市集、社大開設小型互動課，從參與中慢慢理解這座城市的運作邏輯與需求脈絡。她說：「我每天都還是會懷念過去的節奏，但我也開始習慣，這裡有我還能參與的部分。」

這樣的參與不是光靠適應完成的，而是在試過失敗、承認無法、調整期待之後，選擇重新設計自己與生活的關係。選擇感，是一種自我感得以維持的方式。

另一位我接觸過的個案，是一位正在照顧臥病母親的女性。她原本在出版社擔任編輯，辭職返鄉後獨力負責主要照護與家務。最初她對這樣的選擇抱有理想化認知：「只要我夠有耐心，生活就能平衡」。但兩年過後，現實逐漸擠壓掉

第五章　你可以現實，但不必悲觀

她的睡眠、社交與創作欲望，她的語氣也從「我還可以」轉變為「我無法想像未來」。

我們討論的第一步，不是鼓勵她樂觀，而是協助她盤點：在這樣的生活裡，她每天還有哪些部分是自己可以做決定的。她思考了許久，寫下三件事：起床後能自己安排要先做什麼、母親午睡時她能決定要工作或放空、晚上能選一部想看的劇。

接著，我們一起延伸這三個小選擇。她開始將午睡時段固定成「專屬的無責任時段」，無論是否工作，絕不處理家務。她開始練習告訴親戚：「這段時間請先用訊息聯繫我，我不接電話」。她說這樣的安排不大，但讓她重新感覺到，「我還能自己做一些決定」。這正是她逐步回穩的開始。

許多人會在限制中產生一種「假選擇」錯覺——我們不是真的在選，而是在不甘願中維持現狀，嘴上說「我選擇這樣」，實際上卻是「我不知道怎麼辦，只好接受」。這種「形式上的選擇」不會帶來穩定，反而容易在累積之後產生劇烈反彈，例如突然放棄、暴衝式改變，甚至情緒崩潰。

真正能成為穩定來源的選擇感，有幾個關鍵條件：

◆ 是你自己命名的選擇：你說得出來為什麼這樣做，而不是只是被動維持。

- 有明確邊界與拒絕機制：你知道哪些事、哪些情況可以說不。
- 能累積記憶與自我感：你能記得「這件事是我選的」，而不是「這件事是我被迫接受的」。

當一個人無法明確感知自己正在選擇什麼時，他就會進入一種「慢性自我放棄」的狀態，外表看似穩定，內在卻逐步失去參與感。

三種建立選擇結構的實作方式

1. 設定「自主區塊」

將生活拆解為幾個區段，從中挑出一段你可以完全自己決定的時間或活動。這段時間內你可以安排節奏、內容與方式，例如早晨 30 分鐘寫日誌、晚上散步時播放選擇的 Podcast、選用自己喜歡的杯子喝茶。

這種行為看似日常，但其實是一種結構化地提醒自己：「我仍然有能決定的空間」。心理學研究指出，即使是短暫且局部的控制經驗，也能提升整體生活的主觀效能感（subjective efficacy）。

你在一開始可能會高估時間的完整性（想讀完一整個章

第五章　你可以現實，但不必悲觀

節），建議初期目標設定為「在這段時間內讀書」即可，不需強求產出。

2. 使用「資源分層表」

寫下你現在可用的資源，分三層：

- A 層：確定可支配的（自己的時間、物品、技能）
- B 層：可經協商爭取的（人際協助、空間使用、彈性工作）
- C 層：可能存在但不熟悉的（新資源、未熟習工具、跨領域資源）

這張表能幫你釐清「我真的一無所有」是不是情緒化語句，實際上你可能只是對於哪些能用、如何用感到不熟悉。

你也許會在寫下來後太快評價「這不夠好」，建議將其視為「備選素材庫」，不用立即行動，只需意識到你有這些可能性。

3. 建立「節奏標記卡」

每日寫下一件你親自做的選擇。可以是延後處理某事、主動提出意見、或選擇不參加一場活動。記錄的目的不是追蹤成果，而是記得你當天「曾經決定過一次什麼」。

行為心理學指出，記錄選擇行為有助於強化行動一致

3. 真正的成熟,是擁抱有限的選擇權

性,讓你感覺「這天不是被時間帶著走」,而是「我有參與今天的節奏」。

你在剛開始時可能會覺得選擇太微小不值得記,請記住,這段訓練的關鍵不是重要性,而是可見度。

真正的成熟,不在於擁有多少選擇,而是在條件受限時,仍然願意為眼前這一步負責。就算空間不大,你依然選擇做出行動。那表示 —— 你還在參與自己的生活。

第五章 你可以現實，但不必悲觀

第六章
真正的關係，
不是裝出來的好人緣

第六章　真正的關係，不是裝出來的好人緣

1. 不討好，也能讓人願意靠近你

你可能曾經有過這樣的時刻：明明內心不願意，但還是說了「好啊，我可以」；明明覺得事情不合理，但還是默默幫忙收尾；明明感到累了，卻還是繼續回應別人的需求。因為害怕關係出現裂痕，你會覺得「我如果不配合，對方會不會不再喜歡我？」、「我是不是變得不好相處了？」

這樣的反應背後，其實是一種關係焦慮。你不是真的想幫，而是想保住關係中的位置；你不是真的想接受，而是害怕失去認同。討好行為表面上是溫和與順從，但內裡常常是一種過度責任感與對連結的過敏反應。

心理學中的依附理論（Attachment Theory），由約翰・鮑比（John Bowlby）提出，指出人們在成長過程中若經歷情緒被忽視、表達被懲罰，或在親密關係中感受到高度不確定，可能會發展出「焦慮型依附」的傾向。這類型的人對關係中的距離變化特別敏感，經常試圖透過付出更多、退讓更多，來換取一點安全感。

他們習慣把維持和諧放在關係中的第一順位，哪怕得壓

1. 不討好，也能讓人願意靠近你

下自己的想法與感受，也不願冒著讓對方感到不舒服的風險。但當一個人在關係中長期不表達自己，他其實也讓對方無法真正認識他。這種建立在「我可以為你改變我自己」上的連結，看似貼近，其實容易模糊彼此的界線。

短時間內，這樣的互動也許能維持關係表面的平穩，長期下來卻往往帶來疲憊、誤解，甚至讓人懷疑：我在這段關係裡，到底還剩下多少真實的自己？

曾有位在非營利組織工作的女士找我做諮商，她總是被同事視為「好配合、好說話、好救火」的對象。她幾乎從不拒絕臨時任務，也總是在別人忙不過來時自動補位。剛開始她也覺得自己是團隊的重要支柱，但是一年之後，她開始出現倦怠症狀，甚至一度在會議中無預警爆哭。她說：「我好像再也撐不住了，可是如果我不撐，這個團隊感覺就垮了。」

我們整理了她在團隊中的互動模式。她發現，其實沒有人要求她做這麼多，她只是習慣性地預測別人會有困難，於是提前把責任攬下。她的配合，不是基於信任，而是基於焦慮。她說：「我不相信大家能處理好，所以我會先處理起來，這樣我比較安心。」

這樣的自我照顧模式，表面是幫助，實際上卻是關係中的控制策略。當我們因為焦慮而過度負責時，我們也剝奪了

第六章　真正的關係，不是裝出來的好人緣

別人成長與承擔的空間。這種「看起來無私」的行為，實則是為了緩解自己對不確定的恐懼。

她開始練習在團隊中只處理自己分內的事，並明確告知「我今天只能做到這裡，剩下的需要大家協作完成」。起初她擔心會被誤會成冷淡或推卸責任，但幾次之後她發現，反而有同事開始更主動安排資源，也更清楚各自的工作界線。她說：「我不再覺得是我一個人在撐著一切，這種感覺其實更讓人安心。」

真正穩定的關係，不是靠一個人扛住全部來維持，而是彼此看見對方的位置與界線。你越能表達清楚自己的範圍，別人才越能安心靠近你，因為他知道你不會忽然失控、不會突然被壓垮，也不會把期待變成無聲的壓力。

關係裡最可貴的感受之一，是「我知道你會為你自己負責」。這種信任，來自每個人都願意在關係中站穩自己的位置，而不是躲在配合與討好後面，期待被肯定。

但要建立這樣的關係，你得先學會區分兩種狀態：

- ◆ 配合，是為了關係的健康而調整彼此節奏；
- ◆ 討好，是壓抑自己的需求來換取他人的接納。

這兩者的出發點不同，結果也完全不同。前者建立信任，後者累積壓力。

1. 不討好，也能讓人願意靠近你

有讀者曾分享他的故事。他是一名設計師，長期接案合作，每當客戶提出要求，即使心裡不贊同，他也會照做。他說：「我覺得如果我反對，對方就會換人。」但長久下來，他做得越多，對方要求越多，反而不再把他當合作夥伴看待，而是當成「會解決問題的外包工具」。

後來他嘗試做一件事：在每次新合作開始前，先釐清雙方期待，並在第一個簡報中明確說出「哪些事我會做、哪些部分我不處理」。他以為這樣會讓自己流失案源，結果反而讓合作效率提高，客戶也更尊重他的專業。他說：「我第一次覺得，原來說清楚自己可以做到哪裡，別人反而比較安心。」

關係中的「清楚」，不是冷淡，也不是拒絕，而是一種讓彼此都可以自由移動的邊界設計。當你把自己藏起來，只留下對方想看到的樣子，對方也會困在你營造出來的框架裡。相反地，當你能夠誠實說出「我在這裡，這是我目前的狀態」，對方也才有機會用更真實的方式回應你。

在心理學中，這種能力被稱為「自我分化」（self-differentiation），由家庭系統理論創始人莫瑞・鮑文（Murray Bowen）提出。它指的是一個人能夠在維持關係的同時，保持情緒界線與自我認知，不被他人的情緒牽動，也不必壓抑自己來換取和諧。

自我分化程度高的人，知道自己為何會在這段關係中，

第六章　真正的關係,不是裝出來的好人緣

也清楚自己需要什麼。他們不必隱藏情緒,也不需要透過對抗來證明自己不被吞沒。他們的穩定來自內在的清晰,不依賴外在的肯定,也不建立在迎合他人之上。

這樣的人,能夠在關係裡保持開放,也能守住自己。因為他們知道,就算靠近他人,也不會因此失去自己。

如果你常常在關係裡感到疲憊、覺得沒辦法做自己、總是在配合與隱忍之中度過,那麼你也許可以問問自己:

- ◆ 你最近一次主動說出「我不同意」是什麼時候?
- ◆ 你是否習慣在關係中,先判斷對方需要什麼,而不是問自己需要什麼?
- ◆ 你對自己的界線感到自在嗎?還是總覺得說「不」會被誤解?

不需要急著找出這些問題的答案,它們只是幫你辨認:你在關係中能不能安穩地做出選擇,而不是習慣性地等待對方的需求。當你對自己的需求與界線有把握時,你與他人的互動也會更穩定。靠近你的人不會覺得被綁住,而是感受到他在這段關係中是自在的。

當你不再急著成為「好相處的人」,你就會開始成為一個讓人感到信任的人。而那份信任,是你自然散發出的氣場。

2. 真正的連結靠理解

我們活在一個資訊極度充足的時代，關於人際關係的建議隨手可得。從「說話的藝術」、「高情商的對話技巧」到「贏得好感的五大關鍵」，這些內容的確有助於我們更流暢地與人互動。但問題是，當我們把「說得好」當成連結的標準，我們很容易忽略：一段真正穩定的關係，不只是聽得懂你說了什麼，而是感受得到你有沒有真的理解他。

有些人很擅長社交，他們懂得何時該微笑、何時該點頭、什麼話該說得剛剛好。他們在聚會裡總能讓場子溫暖起來，別人也常說：「他人很好、氣氛很舒服。」但是這樣的人，在親密關係中卻可能感到疏離。他們習慣用回應化解空氣凝結，用自嘲處理情緒不穩，卻很少真正停下來去理解對方的感受，也不確定自己能不能讓人真的進入內在。

曾有一位行銷領域的顧問，他在人際互動上幾乎沒遇過困難，客戶喜歡他、同事依賴他、朋友也都說他情緒細膩。但是他說：「我所有的對話，都是為了讓對方舒服。我沒有讓任何人真正靠近我。」他交往過幾段感情，都以「太會說話，但不夠真誠」收場。對方感覺不到連結，即使他明明一直努力維持互動。

第六章　真正的關係，不是裝出來的好人緣

在諮詢過程中，我發現他的說話習慣其實是一種防衛。他過去曾在家庭中經常充當「緩衝角色」，當氣氛緊張時，他會跳出來開玩笑，當有情緒衝突時，他會主動轉換話題。這些反應讓他得以在家庭中保持一種「不被捲入」的位置，但同時也讓他養成了一種慣性：他不太敢碰情緒深層的內容，尤其是別人的失望與憤怒。他說：「我可以聽，但我不太知道怎麼留下來疏通那個情緒。」

這種不敢停留的習慣，是很多人際裡「看起來熟、實際上疏遠」的原因。不是不想靠近對方，只是害怕靠近之後不知道怎麼承接。於是我們選擇說一些得體的話、快速轉移焦點、用理智的邏輯回應情緒，結果對方感覺到的不是被理解，而是被安撫、被跳過、被處理。

在心理學中，這種溝通上的斷裂被稱為「情緒無效化」（emotional invalidation），由心理學家瑪莎・萊恩漢（Marsha Linehan）所提出，指的是一個人在表達情緒時，那份情緒經驗沒有被承接、沒有被承認，甚至被忽略或否定。當人開口說出自己的感受時，他真正渴望的，不只是意見或建議，而是那個情緒本身能否被看見、被允許存在。

但如果回應者太快進入分析、建議或說理的模式，雖然表面上參與了對話，實際上卻可能讓對方感受到一種深層的斷線 —— 你聽見我在說話，卻沒有真正「聽見我」。這不是

2. 真正的連結靠理解

語意上的失誤,而是連結上的錯位。

真正的情緒理解,不是給予答案,而是先給予陪伴。讓對方知道:「你的感覺在這裡是被接納的」,這才是每段關係能夠穩固、真實的起點。

我問這位顧問:「當別人情緒很強時,你腦中通常會冒出什麼反應?」他說:「我會想怎麼幫他拉回來,怎麼讓他情緒平穩一點。」這個反應其實很典型,很多人面對對方的情緒困擾時,第一時間會想「解決」,而不是「陪伴」。因為陪伴情緒很不確定、沒有效率、也沒有明確的成果,但那才是讓關係變深的過程。

我們一起練習了一個技巧:當他聽到對方有強烈情緒時,先不進行任何建議,只做一件事 —— 說出他所聽見的感受內容。他開始試著說出「我聽得出來你現在有點無力」或「我猜你現在可能有點難過,但還沒準備好講太多」。這些話沒有指導、沒有勸解、沒有分析,但對方的反應卻開始有明顯不同。他說:「我以為我什麼都沒說,結果他們反而更願意多講一點。」

這就是所謂的「理解式連結」:你不需要說出讓人舒服的話,而是說出讓人感覺到「被放在心裡」的話。這些話不一定完美,有時甚至會不夠精準,但只要你願意停留在對方有情緒的當下,而不是試圖讓它消失,你們之間的關係就已

第六章　真正的關係，不是裝出來的好人緣

經開始變得不一樣了。

另一位個案是婚姻中的妻子，她總覺得先生「不懂她的情緒」，但先生也會抱怨「我已經做這麼多，妳還想怎樣」。她說她其實並不是要求他改變，而是希望對方能理解她的不安。先生說：「我不知道她要我做什麼，每次講完我去處理，她又說我不懂她。」

這種溝通落差其實很常見。雙方都想改善關係，但一個人在尋求感受被承接，另一個人則一直在尋找實際解法。問題不在於誰對誰錯，而在於彼此的語言根本沒有對上節奏。

我們設計了一個小練習：每次有情緒對話時，先生不回答、不提建議，只說出他從太太的語氣與內容中「聽到的狀態」。例如：「妳是不是有點不確定我到底有沒有理解」或「我能感覺到妳在試著讓我知道妳有多努力」。他一開始覺得這樣講很彆扭，像是唸劇本，但太太卻突然在一次對話後哭出來，說：「你今天終於不是回我解法，而是讓我覺得你有跟我站在一起。」

這不是話術，也不是技巧熟練度的問題。連結的關鍵從來不在你講得多好，而在你是否真的有在聽、是否願意與對方一起停留在他正在經歷的那個情緒點上。

在心理學中，「主體間性」（Intersubjectivity）理論主張，關係的核心不是說服、糾正或討好，而是兩個主體的

2. 真正的連結靠理解

相遇。這樣的相遇在於你能不能真正把對方當成一個完整的人 —— 一個擁有經驗節奏、感受邏輯、自我解釋途徑的存在。

主體間性的重點,不是讓對方接受你的觀點,而是你是否願意暫時放下自己的預設,進入他的世界。關係的連結是在彼此都能保有主體性的前提下,共同形成理解。

這樣的理解會讓對話變得真實,也讓關係保有深度。

如果你總覺得關係裡的對話很累,不管講什麼都沒有預期的效果,也許可以反過來問幾個問題:

◆ 我現在說的這句話,是想讓對方怎麼回應?
◆ 我有沒有試圖用說話控制對方的情緒?
◆ 我說出這句話時,有真正理解對方的狀態嗎?

這些問題的重點在於提醒你:連結不只是語言的輸出,而是空間的給予。你是否能給對方一個情緒暫留的空間?你是否願意讓話題慢下來,而不是趕著進入結論?

理解的核心是留白。當你不急著完成一個對話,你就會看見對方在話語之外真正想表達的東西。

第六章　真正的關係，不是裝出來的好人緣

3. 建立穩定關係，先從安定自己開始

　　有時候，我們以為關係裡的不安，是來自對方的回應不夠明確。對方回訊息慢了，我們心裡就開始冒出各種可能性；對方沉默或情緒低落，我們就忍不住想：「是不是我做錯了什麼？」、「他是不是在想離開我？」

　　但是其實，真正讓關係變得不穩定的，往往不是對方的反應，而是我們在這些反應裡的過度延伸。當我們太急著確認、太習慣預測，也太容易在對方一個眼神裡看見危機，我們就會在還沒發生任何事之前，就把自己推進了防備與控制的狀態裡。

　　這樣的行為其實是一種「內在不安外部化」的表現。當我們無法在自己的情緒裡穩定下來，就會試圖抓住外部的訊號來建立安全感。我們不確定對方是不是在意我們，於是想要更多的證明；我們無法忍受關係的模糊地帶，於是渴望對方給出更明確的承諾。這些需求看起來是對關係的重視，但其實是一種無法處理內在焦慮的補償機制。

　　依附理論指出，個體早期的關係經驗會內化為一套「關

3. 建立穩定關係，先從安定自己開始

係模型」，影響他們如何預期他人會對自己反應。對於焦慮型依附風格的人而言，這個模型常常充滿不確定與擔心。他們不是只害怕分離，而是幾乎無法忍受模糊。當關係出現片刻的沉默、延遲回應或態度微調，他們的大腦就會自動啟動預警機制，快速填補空白――用最壞的假設。

這並非刻意誇張，而是一種深層的自我防衛。他們用過度警覺來保護自己，也常用過度靠近來維持連結。看起來像是黏人，其實是過去的關係記憶在告訴他：「你不能等太久，也不能表達太多，否則你會被拋下。」

問題在於，這種高度啟動的預測系統讓他們對當下的經驗難以形成信任。當對方真的只是晚回一則訊息，或只是心情不好沒有多說話，他們已經在內心歷經一場被拒絕的模擬劇。不是因為這段關係真的出問題，而是他們太熟悉「關係出問題」的腳本了。

真正的安全感，並不是讓對方每次都反應「剛剛好」，而是自己能在那些模糊的時刻，不立刻掉進恐慌的結論。這樣的能力，不只是一種情緒調節，更是一種對關係的重新學習。

有一位 30 多歲的上班族女性，她在一段交往穩定的關係中，仍經常感到不安。她說她的伴侶非常體貼，也從未做過讓她懷疑的事，但她卻總是在日常互動中忍不住反覆確

第六章　真正的關係，不是裝出來的好人緣

認：「你會一直這樣對我嗎？」、「你今天是不是比較冷淡？」她說：「我很想相信他，但我不太知道怎麼處理我自己的不安。」

這句話其實點出了關係中的一個關鍵問題：我們常常以為要靠對方來安定自己，但是其實，真正讓我們焦慮的，是我們不知道怎麼安頓自己。

她回想自己的成長經驗，發現自己從小就被教導要看人臉色、在衝突發生前預先調整自己。這讓她非常擅長察言觀色，但也變得對關係變化極度敏感。她說：「只要對方回應不夠熱情，我就會開始演內心小劇場。」

我們練習了一個方法：當她感覺到內在焦躁時，不是立刻去向對方確認，而是先停下來問自己幾個問題：

- ◆ 我現在的感受是什麼？是擔心、委屈、還是被忽視？
- ◆ 這個感受有多強？是零到十分的幾分？
- ◆ 我能不能不處理它三十分鐘？讓它存在一下，而不是立刻動作？

她開始發現，當她願意和自己的情緒停留一下，不急著透過對方來平復，它會慢慢變得可辨識。她說：「很多時候，我只是需要冷靜下來傾聽自己的聲音。」

這樣的練習其實是一種「情緒穩定力的自我建立」。不

3. 建立穩定關係，先從安定自己開始

是壓抑情緒，也不是對抗不安，而是先把自己從恐慌裡抽出來，給自己一個暫停的空間。

另一位個案是一位剛經歷情感創傷的男性，他在分手後不久進入一段新關係，但不安感非常強。他說：「我會突然想查她的手機，看她是不是在跟別人聊；我也會故意冷淡，測試她會不會主動來關心我。」這些行為不是出於惡意，而是一種內在創傷未處理完的延續。他無法相信自己值得被留下，也就很難相信對方會留下來。

我們在對話中開始建立「自我穩定小節奏」。每天晚上，他會花 10 分鐘記錄這一天讓他感到穩定的三件事，不論多小。可能是一頓好吃的飯、一次順利的工作簡報、或是一次耐心的對話。他說：「我在試圖提醒自己，我是有能力讓生活變得安定的人。」

當他開始累積這些穩定感，他對伴侶的情緒拉扯也逐漸減少。他說：「我不再一直觀察她什麼時候變冷，因為我知道自己可以照顧好自己。」

這就是關係中真正的安全感建立方式。你不是期待對方永遠如你所想，而是當對方的狀態有變化時，你依然可以在自己身上找到穩定的錨點。

自我關懷的概念，強調當我們身處困難、脆弱或感到自我價值動搖時，能不能成為自己情緒的第一個支持者。這不

第六章　真正的關係，不是裝出來的好人緣

只是對自己好一點，而是能夠在波動中重新回到內在穩定的位置——不急著評斷、不迫使情緒立刻平息，而是容許當下的自己先存在。

研究發現，這樣的心態不僅能幫助我們調節情緒，更能在親密關係中建立出一種健康的心理距離感。你不再因為對方的一句話就全盤否定自己，也不需要為了維持關係而壓抑每一次的不舒服。自我關懷提供了一種心理上的「回原點」：讓你知道，就算關係出現波動，你也不需要放棄自己來修補它。

當你意識到不需要解釋和為自己的情緒道歉，你才有可能不那麼怕自己的真實反應會傷到誰。

如果你在關係中常常感到焦慮，也許你可以從這些地方開始自我練習：

1. 建立「情緒停留空間」

當你感覺內心起伏強烈，先給自己 10 分鐘什麼都不做的時間。寫寫東西、走一圈、聽一首歌都可以。重點不是壓下情緒，而是幫助自己不要立刻採取反射性動作。你會發現，不做出動作的那幾分鐘，情緒會變得更清晰，也更可對話。

3. 建立穩定關係，先從安定自己開始

2. 練習「非對方導向式對話」

當你想確認對方還在不在時，先問自己：「我此刻是需要關注，還是需要安全感？」然後試著說：「我今天有點亂，只想讓你知道我現在的狀態」，而不是說：「你為什麼都不理我？」前者是開放的，後者是防衛的。練習用開放語言，不僅幫助你，也讓對方能更自在回應。

3. 累積「穩定感資料庫」

每天記下三件讓你感到安定的事，不論與人或與自己。這些紀錄不只是提醒，而是為你提供關係起伏時的心理支撐點。當你發現「我不是靠對方穩定，而是我自己正在做穩定的事」，你會比較不容易把情緒全交出去。

關係從來不只是兩個人要不要在一起，更關乎你自己能不能在這段關係中站穩腳步。當你知道自己在做什麼，你會比較不急著控制對方；當你能容納自己的情緒，你就比較不需要別人為你的狀態負責。

安定自己的能力，不是為了在關係裡變得無堅不摧，而是讓你在每一次互動中，都能感覺自己有餘裕，不需要靠預測或控制才能安心。

第六章　真正的關係，不是裝出來的好人緣

第七章
保持正向,看見希望

第七章　保持正向，看見希望

1. 感恩是可以重新看見擁有

當你情緒低落、壓力過大，或剛經歷失落時，如果有人跟你說：「你應該試著感恩一下啊！」你可能會感到不耐，甚至有點生氣。因為你知道，自己現在的感覺不是可以用一句話就調整過來的，也不是靠想「我還有什麼」就能立刻釋懷。

當人陷在痛苦裡，本能會聚焦在問題本身，感覺不到別的可能性。這是大腦為了生存而設計的反應機制：它會讓我們緊盯威脅、強化焦慮、排除模糊訊號，以便快速做出應對。

但是如果這種焦點模式持續太久，我們就會失去一種很重要的心理能力：看見自己其實還擁有什麼。

感恩是一種重新調整感知焦點的方式。它的功能，不是讓你假裝一切都很好，而是讓你在混亂中重新辨識那些仍然穩定、仍然支持你、仍然值得你與它產生連結的事物。

心理學家芭芭拉・弗雷德里克森（Barbara Fredrickson）在她提出的「拓展與建構模型」（Broaden-and-Build Theory）中指出，正向情緒的作用不只是讓人感覺良好，更能打開我們的視野，擴大注意力的範圍，讓思考變得更有彈性。當我

1. 感恩是可以重新看見擁有

們處在正向情緒中,更容易察覺到身邊的資源,與他人建立連結,也更有餘裕去嘗試、修正與調整。

感恩,就是一種具有這種心理擴展力的情緒。當人能夠對所擁有的、所經歷的,甚至是所承受的產生感謝的感覺時,內在會出現一種不同的張力。你開始不只是專注在壓力本身,而是看見壓力之外的可能性 —— 那些還能被依靠的人、那些還沒被注意到的選擇、那些原以為已經失去的能量。

在高壓情境中,這樣的情緒轉換不一定能馬上解決問題,但它會悄悄地改變你看待問題的方式。而當觀點改變,行動的可能性也會跟著被重新打開。

我曾諮商過一位在疫情期間失業的個案。他原本是展演活動的專業人員,行程滿檔、經濟穩定。但是在短短幾週內,所有活動都取消,他的收入歸零,長期建立的工作關係也中斷。他說:「那時候我每天起床就是看手機有沒有消息,結果每次都是更多取消通知。」

這種完全失控的感覺讓他陷入極端無力。他試著投履歷、接短期工,但都不順利。他試圖努力,但連努力的方向都不知道。他形容那段時間像是「每天都在原地踏步,越來越疲憊」。

我們沒有馬上談「轉念」或「重建信心」,而是先從一件

第七章　保持正向，看見希望

事開始：每天記錄三件讓他感到還可以的事，不論多小。可能是一頓熱食、一通願意傾聽的朋友電話、或是自己完成了一次文件更新。他說：「一開始真的寫不下去，覺得這些有什麼好記的？」但我們約定，只要有寫，就不需要評價它的大小。

兩週後，他說：「我發現有些東西一直都在，但我根本沒看見。」這不是情緒變好了，而是他開始能從持續的低潮中，看到一些可依附的節點。

這就是感恩的心理功能 —— 它不是否認你的困難，而是幫你在困難之中辨識出那些還可以信任的片段。這些片段就像浮標，不會拉你上岸，但能讓你暫時不被拉走。

另一位個案是一位罹癌治療中的女性。她曾說：「我已經不能工作、體力也大不如前，每天都要面對很多限制。那些告訴我要感恩的人，我真的很想請他們自己來看看這有什麼好感恩的。」

這樣的反應很真實。沒有人能夠在痛苦還沒被理解之前，就接受「你應該轉念」這樣的建議。真正有用的，不是說服自己開心，而是允許自己誠實，但仍然試著不讓痛苦占據全部空間。

我沒有強迫她感恩，而是請她每天挑一個時間點，記錄「這段時間內有什麼事是我還有力量去完成的」。她寫下像是

「今天我有力氣洗頭」、「我主動跟護理師打招呼」、「我試著慢慢吃完一份晚餐」。

她說這樣的紀錄讓她感覺「我的生命還沒有完全被這個病奪走」,因為她體會到自己還有一些行動能力。

這些感恩的片段,不是情緒的成果,而是「感知的焦點被移動」的結果。你不會因此變成樂觀的人,但是你會發現,原來自己沒有那麼絕對地被困住。

我們常誤解感恩是一種「要求」,像是你應該滿足、應該快樂、應該感謝命運給的所有一切。但真正能夠發揮功能的感恩,是你願意練習看見,那些在困難中仍然穩定地陪你走著的東西。

這種練習不是一次就會,而是需要被安置在日常裡。以下是三個能幫助你練習「重新看見擁有」的方式,讓你更看得清在自己的處境裡,你還留有什麼。

1. 練習「當日片段回顧」

每天晚上,寫下一件讓你覺得還可以的事。不要強調它是否重要,只需要讓你覺得「這件事存在,讓今天沒有那麼艱難」。這個練習是為了幫你建立一個可被觸碰的現實節點。

第七章　保持正向，看見希望

2. 用「人物記憶表」補足失落感

在你感到孤單或情緒斷裂時，寫下三個曾經支持過你的人。可以是朋友、家人、老師，甚至只是一位對你說過一句話的陌生人。這個記憶不是要你感恩對方，而是讓你知道：你曾經與人有過連結，而這些連結仍存在你的心理資源裡。

3. 認出「當下可行的微行動」

選擇一件你今天仍可以做到的小事，也可以是很小的動作。像是伸展手臂、煮熱一杯水、對某個人說一句話。這些動作很小，但它們代表你在這個當下，仍然擁有一點點行動能力。這就是「我還能做什麼」的心理起點。

當你練習從這些片段中去認出自己的位置與能力，你會發現，那些你以為早就失去的支撐，其實只是被焦慮模糊了。

我們不需要強迫自己在痛苦中感恩，但我們可以試著不讓痛苦遮住全部的畫面。

當你能辨認出還擁有什麼，你的情緒就不會全被困難占滿。你會開始有力氣重新安排生活，哪怕只是先從一天中比較平穩的時段開始。

2. 每天一點點，讓內在慢慢變穩定

當你覺得自己快撐不住的時候，第一個冒出來的想法往往不是「我要找支援」，而是「我怎麼還是這麼不行？」我們習慣在崩潰邊緣要求自己堅強，在混亂中希望能靠一個反省、一個想通就變好。但真正能讓人穩下來的，從來不是一次想通，而是一點一點重新建立的節奏。

情緒波動是很真實的現象，尤其當生活裡有太多不確定、太多責任，或者太多長期沒被處理的累積時，那種起伏不定的狀態會讓人覺得自己好像被情緒帶著走。你可能早上還好，下午突然崩潰；前一天以為自己撐過了，隔天卻又陷回去。不是因為你沒進步，而是因為你的系統還沒有新的節奏可依附。

在心理學中，情緒調節（emotion regulation）被視為一項可學習的能力，而非與生俱來的特質。它不是壓抑情緒，也不是讓情緒消失，而是在人與情緒之間建立出一種穩定的空間，讓人可以選擇怎麼回應、不被情緒牽著走。

心理學家詹姆斯・格羅斯提出的「情緒調節歷程模型」

第七章　保持正向，看見希望

（Process Model of Emotion Regulation）指出，情緒的出現不是瞬間的爆發，而是經歷一連串可被覺察與調整的過程。人在面對情緒時，可以在不同階段進行介入——包括選擇是否進入某個情境、調整情境的呈現方式、轉移注意力、改變詮釋角度，或是在情緒已浮現時學會調節反應方式。

這些方法的目是在幫助你在激烈情緒出現時，仍保有與之共處的能力。你仍會感到受傷、沮喪、憤怒，但那不再是一股讓你失速的力量，而是一個可以被你理解、轉化，甚至從中選擇行動的起點。

有一位長期工作壓力過大的工程師，他說自己一到週日晚上就會開始焦慮，禮拜一早上經常莫名想哭，但又說不上來發生什麼。他會在意圖管理情緒時更加自責：「別人怎麼都可以正常工作？我怎麼這麼不穩？」

我們一開始不是處理他的焦慮本身，而是請他觀察這種焦慮出現的週期。結果發現，他幾乎每週都會在週日午後進入情緒下沉狀態，通常伴隨著頭痛、失語、過度滑手機。他說：「好像只要我放鬆，情緒就會跑出來。」

他過去處理情緒的方式很常見：靠反省與壓制。週日情緒起來的時候，他會強迫自己「要正面思考、不要那麼敏感」，或試著用閱讀、健身「解決它」。但結果常常是，他越想解決，焦慮越強，因為他的身體不能被強制說服，而是需

2. 每天一點點，讓內在慢慢變穩定

要一個節奏來穩定。

這是身體累積壓力卻找不到釋放管道的結果。我們設計了一個「每週節奏預先設計表」，裡面不寫目標，只安排一週中幾個「有節奏感的點」──固定早餐、晚間散步、週三中午不與人講話、週六傍晚用自己喜歡的方式整理房間。他說：「剛開始很難做到，但比我想像中沒那麼難。」

第一週他只有做到三個項目，但第二週開始，他發現自己在週日的情緒下沉少了一點。他說：「不是沒有了，但我不再感覺完全無助。」我們把這種感覺稱為「穩定的記憶點」，就是：當你的身體記得你可以在哪些時候稍微好一點，這個感覺就會變成你的參考點，不再讓你全被情緒吞沒。

這些小節奏不會讓焦慮馬上消失，但他說第二週的週日，他雖然還是有情緒起伏，但沒有再失控。「我開始知道，情緒起來的時候，我可以做什麼。」這是一種可預測性，也是內在安全感的起點。

穩定不是「恢復原狀」，而是重新了解自己在不同狀態下的身體與心理反應，然後為這些反應安排空間與節奏。

另一位個案是一位在非營利組織工作的女性，她曾說她的情緒像「一團不會說話的繩子，繞在胸口裡」。她每次努力完都覺得更累，因為她不知道什麼時候才會真的「變好」。

第七章　保持正向，看見希望

　　她其實很熟悉自我反省與時間管理技巧，但她說最常見的狀況是：「早上起來列好計畫表，到了下午就全崩潰。」那種崩潰不是因為發生了什麼事，而是她感覺「計畫跟不上我當下的狀態」，然後她就放棄那一天。

　　我們從一個非常小的事情開始：她每天都要寫大量email，我請她在每封信開頭前深呼吸三秒。這個動作不是放鬆技巧，而是幫助她在高密度輸出中找到「中斷點」。她說這個中斷一開始沒什麼感覺，但三週後她開始發現，自己有時候會在打完信後多坐一會，不再立刻進入下一件事。

　　她後來自己擴展這個練習，每天設定兩個「沒有結果壓力」的時段——一次是午餐後的散步，一次是下班後寫手帳，不為產出，只為記錄心情。她說這讓她第一次感覺到，「我有事情在進行中，但不是壓著我跑的那種進行」。

　　我們進一步觀察到，她的情緒最常崩盤是在週二與週四晚上，這兩天她的工作節奏與會議安排最密集。她過去都硬撐，導致週五崩潰、週末修復、週一重新開始。當我們針對這兩晚加入「晚間選擇退出社交訊息」、「不看任何輸出型內容」後，她說週五終於第一次不是在疲憊中醒來。

　　她說：「我開始感覺，比起修補疲憊感，我反而正在慢慢預防我會崩掉的那一刻。」

　　這就是內在穩定感的建立過程。它來自你能不能在日常

2. 每天一點點，讓內在慢慢變穩定

裡找到一些幫你感覺到「我有在參與我的生活」的節點。

而所謂的穩定，其實是一種「主控感的恢復」：你能夠預期自己在什麼時候會需要調整，也有足夠的工具讓你開始調整，哪怕只是一點點。

根據心理學家亞伯特・班度拉提出的自我效能感理論，人們在面對壓力或挑戰時，是否能維持穩定行動，很大程度取決於他對自身影響力的認知。如果一個人相信自己有能力對眼前的情境產生影響，即使只是部分掌控，也足以防止他陷入負面的被動狀態。

這樣的信念，有時不來自大目標的完成，而是源於一種細微但具體的感受 ——「我知道我能做點什麼」、「我不是完全被困住」。這種可預期的小範圍掌控，會逐步打破無力感的堆積，幫助人在壓力之下保有心理韌性與行動彈性。

真正的自我效能感，不是自我催眠式的信念強化，而是對現實的回應能力：你知道自己無法控制所有結果，但你仍然願意介入、願意調整、願意讓自己在這一刻成為參與者，而不是旁觀者。

日常節奏的練習，正是讓這個「我有辦法影響自己」的信念重新生根的方式。你需要一些行動去證明：你不是只能被情緒帶著走，你有辦法自己走一段。

第七章　保持正向，看見希望

以下是三種可以幫助你建立穩定節奏的方式，它們可以幫助你回到自己的節奏裡：

1. 選一個「不被打斷的五分鐘」

每天找一個時段，讓自己五分鐘不輸出、不接收、不回應。可以坐著、走路、聽音樂，但不要做需要「完成」的事。這段時間會幫你找回身體與節奏的對齊感。

◆ 常見困難：你會覺得「這樣好像沒做事」、很快想結束
◆ 建議做法：事前先寫好你可以選的「三種停留行為」，如：畫圈圈、觀察窗景、聽一段固定旋律，避免空白讓你焦慮

2. 建立「微實踐清單」

列出五件你可以在三分鐘內完成的事，例如擦桌子、整理一格抽屜、泡一杯茶、寫一行筆記、伸展一下。每天從中選一項執行。這些動作很小，但會讓你感覺「我還是有能力讓今天有點不一樣」。

◆ 常見困難：一停做就覺得是「又失敗了」
◆ 建議做法：與其說「今天沒做」，不如記下：「今天可能太累，沒做也代表我有感覺自己狀態」。這是保護，不是退步

3. 記錄「情緒出現的週期」

觀察一週內你情緒起伏最明顯的時段,並在這些時段安排一些不需要成果的行動。不要試圖改變它,只是為它設一個安全網。你不需要阻止情緒來,只需要讓它有地方可以落下。

- 常見困難:會忍不住追問「我為什麼會這樣?」
- 建議做法:暫時先不問為什麼,只問「我這時候可以做什麼來安頓自己?」把問題移回「行動」,情緒才不會變成無限推演

情緒不會立刻變安穩,但你可以練習把節奏拉回來,讓自己有機會不被狀態主導。你每天做的一點點,就是你把主控權慢慢拿回來的證據。

第七章 保持正向,看見希望

3. 回到當下,是做出行動的開始

很多時候,我們不是不知道該怎麼做,而是在想做之前,腦袋已經跑去十步之外。我們會想:「萬一失敗怎麼辦?」、「這樣做會不會根本沒用?」、「這會不會又只是浪費時間?」然後,動作還沒開始,自己就先被嚇退了。

這些反應是過度預測。你還沒走進任務,就開始在腦海中演練未來會怎樣、別人會怎麼看你、事情最後會不會失控。這樣的預測模式不是思考的結果,而是焦慮啟動的產物。當一個人處在高度控制欲與不安全感交錯的狀態時,大腦會不斷模擬未來,試圖從中找出「確保安全」的路線。問題是,這種模擬多半只會強化不安,讓人更不敢開始。

在心理學裡,這種現象被稱為「未來導向焦慮」—— 你的注意力不在此刻,而是被拉去處理你尚未進入的階段。你越想要掌握,越無法落實運用;你越怕出錯,越無法前進。久而久之,行動變得越來越少,壓力卻越來越多。

我曾接觸過一位個案,她是一位剛轉職的行銷企劃,從大型企業離職後加入一間小型新創團隊。她說:「我以為離

3. 回到當下，是做出行動的開始

開原本高壓環境會好一點，結果我反而更焦慮了。因為現在沒有人給我明確標準，我每天都在懷疑自己做得對不對。」

她開始每天拖延工作內容，常常開著文件半小時一行字都打不出來，不是因為她不會，而是她腦中有個聲音一直問：「妳現在寫這個，有用嗎？老闆真的會採納嗎？會不會又被說沒效率？」這種情況讓她卡得越來越深。

我們沒有馬上談如何建立自信，而是先從一個簡單的練習開始：在開始寫提案前，花三分鐘只專注在現在要處理的這一頁。不要查郵件、不回訊息、不思考成果，只問自己一件事：「我現在這一行字是什麼意思？我要把它說清楚。」

她說一開始很彆扭，感覺像是「硬逼自己不要想太遠」，但第三天開始，她發現事情沒那麼難。「我其實知道怎麼寫，只是我不習慣在還沒獲得肯定之前就先動手。」

這種「動手前要先得到保證」的習慣，是很多人行動困難的原因。當一個人無法停留在當下，就會過度依賴結果來確保自己沒錯。但結果還沒出現，他就已經先否定了當下的努力空間。

這就是為什麼「留在當下」這件事那麼重要。因為你如果不先停在現在，你根本無法開始；注意力沒有落在你手上時，你什麼都做不了。

第七章　保持正向，看見希望

在心理學中，正念訓練（mindfulness-based interventions）並不只是用來放鬆或讓人平靜下來。正念的核心意涵，是學會在每一個當下，對自己的經驗保持覺察，並且不急著評價或反應。心理學家喬‧卡巴金（Jon Kabat-Zinn）將正念定義為「有意識地、當下地、且不加評價地注意正在發生的事」。這種覺察，不是抽離，而是回到現場——那個你與自己情緒、思緒、衝動相遇的位置。

在壓力升高或情緒湧現時，我們往往習慣讓自動反應接手，說出傷人的話、逃避該處理的問題，或沉浸在反覆的思緒裡無法抽身。而正念所訓練的，正是打斷這條自動路徑的能力。當你有能力把注意力拉回當下，你就多了一個介入點：你開始有機會選擇——而不是只能重複。

這是一種內在主權的回歸。因為你越能停留在當下，就越不容易被過往的經驗或預設的情緒牽著走。

另一位個案是一位全職媽媽，育有兩名年幼子女。她說她每天幾乎都在「等爆炸」與「爆炸後後悔」之間循環。她說：「我根本沒在管我在幹嘛，我只是每天衝來衝去，然後晚上躺在床上想我今天是不是太兇、太急、太糟。」

我們談到「覺察進入點」這件事。不是要她在吵鬧中保持平靜，而是請她設定一個「注意力標記點」——當她準備走進廚房，就先停下來深呼吸一次；當她準備責罵小孩前，

3. 回到當下，是做出行動的開始

先在心裡默唸一句：「我現在正在反應。」

這些動作一開始看起來很沒用，但她說第二週開始，她有時候會在走進廚房那刻突然感覺自己「整個人沒這麼衝了」。她的注意力重新回到自己的身體，而不是被事件推著跑。

這就是「當下」的真正功能 —— 不是讓你平靜，而是讓你在自己的身體與行為之間重新建立橋梁。你才能知道自己要做什麼，而不是只剩下反應。

這種從「反射性動作」轉為「主動選擇反應」的過程，其實是心理穩定力建立的核心。當你願意停在現在，你才會看得見：我正在做什麼？這是我要的嗎？有沒有別種處理方式？這些問題不是理性推理出來的，而是注意力真正回到當下之後，才可能浮現的空間。

心理學家菲利普・津巴多在時間觀理論（Time Perspective Theory）中指出，當一個人過度偏向某種時間取向 —— 無論是反覆沉溺於過去，或是不斷擔心未來 —— 都可能削弱行動效率，降低整體幸福感。因為注意力一旦被困在時間之外的維度，就容易脫離當下的身體與決策節奏，讓行為變得遲疑、分裂或空轉。

相較之下，能將注意力穩穩安置在當下的人，更能從當前經驗中擷取線索，並做出貼近自身需求的選擇。他們是在

第七章　保持正向，看見希望

每一個行動發生的當下，都能與自己的感受同步。這種同步感，就像是手在做的事，心也在場 —— 兩者不分離、不衝突，不再需要額外力氣去對抗。

當一個人活在這樣的節奏中，他的行為會更清晰、選擇會更穩定，因為他知道：此刻的他，就已經參與其中，而不是站在旁邊觀望。

如果你是一個容易想很多、常常還沒開始就陷入想太遠的人，也許可以從這幾個練習開始：

1. 設計一個「身體先做」的當下切入點

每天找一件不用想太多的行動當作「專注儀式」，像是泡茶、擦桌面、削鉛筆、浸手在熱水中。透過一個無語言的動作，幫助你的身體「先動作」，然後讓你的心跟上。

如果你在做的時候還是會想東想西，沒關係，只要你願意留在那個動作上，就算只有五秒，也是一種穩定的開始。

2. 記錄「我什麼時候不在場」

寫下你一天中最容易不在當下的時刻。不是為了改掉它，而是為了辨識它。你可能會發現：你總在簡報前腦中模擬各種失敗場景、總在朋友說話時開始構想自己要講什麼、總在下班路上開始想明天怎麼排時間。這些瞬間不是錯誤，而是提醒你：也許有些壓力已經擴張到超過該有的界線。

3. 回到當下，是做出行動的開始

每一次你記下來的當下缺席點，其實就是在建立「我開始知道我的思緒在何時跑走了」的能力。這是重新回到當下的第一步。

3. 幫「未完成的動作」設一個當下對接點

許多人在焦慮中反覆演練未完成的事，像是回覆的簡訊、沒做完的報告、還沒說出口的對話。這些殘留會讓你不斷跳離當下。試著在這些事情旁邊寫一句當下可做的話，比如：「我可以先寫一行摘要」、「我可以先決定明天早上幾點碰它」、「我可以先說一句問候，之後再聊細節」。

這些對接點讓你有機會從「還沒開始」進入「現在能做」，讓自己不再卡在空轉裡。

當你能夠練習把注意力抓回來，你會發現，很多你以為自己「做不到」的事情，根本不是做不到，而是你從來沒在真正能做的時候啟動過。

焦慮最會做的事，就是把你拖去未來，讓你錯過現在。它讓你不斷模擬，但就是不開始；讓你不斷計劃，但無法真正落實運用。

當你願意停在當下幾秒鐘，觀察一下自己的呼吸、動作、當前任務的位置，你就已經開始介入你的生活了。你不再只是被帶著走，而是開始重新抓住自己與世界之間的連結。

第七章　保持正向，看見希望

第八章
比起時間管理，
你更需要節奏設計

第八章　比起時間管理，你更需要節奏設計

1. 讓生活不再混亂的第一步：找出節奏

　　你是不是也曾有這樣的經驗：明明今天排了滿滿的待辦清單，從早到晚沒有一刻閒下來，到了晚上，心裡卻仍然感到一種說不出的空蕩與疲憊。或是，你已經試過很多方法想提升效率──設鬧鐘提醒、下載待辦清單 APP、閱讀時間管理書籍，卻仍然覺得日子總是混亂、進度總是落後、精力總是撐不到一天結束。

　　這樣的感受，其實並不罕見。現代生活的節奏加快，我們被鼓勵「善用時間」、「掌握分秒」，彷彿只要安排得夠好，人生就會井然有序。但現實卻是，愈是努力安排，內心愈容易感到失控。問題也許不在你沒有努力規劃，而在於這些規劃忽略了一個關鍵變因：人不是機器。我們的身體、心理、注意力與情緒，都有自己的節奏。而當我們的安排方式與這些節奏長期錯位，不但做不出成果，更可能讓你在日復一日的追趕中，愈來愈失去方向感。

　　所謂的「混亂」，不一定是指生活中發生了什麼突發事件。更多時候，它是一種內在節奏被打亂的狀態。一整天下來看似完成了很多事，卻無法產生任何連貫性與成就感，彷

1. 讓生活不再混亂的第一步：找出節奏

佛只是機械性地回應需求，卻沒有真的主動前進。這是現代節奏的結構性錯誤：它讓我們太快進入行動，卻從未教我們如何聽懂自己的節奏。

別總是追求高效率，因為混亂的反面其實是內在節奏的穩定。當你的心理節奏與行動節奏無法同步時，就算再怎麼擁有優秀的工具，也會感覺無法妥善掌控。這也說明了為什麼有些人擁有完美的計畫與排程，卻仍然覺得每天都像在被追趕。

我們習慣用時間表安排生活，卻往往忽略了 —— 人的認知、專注與生理運作，其實有它自己的節奏。以「日節律」(circadian rhythm)為例，這是一套內建於大腦的生理時鐘，負責調控我們的清醒程度、荷爾蒙分泌與睡眠週期。它不會因為你有更多事情要做就加快，也不會因為你意志力夠強就延後低谷的到來。

大多數人早上八點到中午這段時間，是思考最清晰、判斷力最敏銳的時段；到了下午，專注力與執行力則開始下滑。這與偷懶怠惰無關，是生理節律使然。越是試圖用密集行程填補能量低點，只會讓決策品質與反應力進一步惡化。

心理學家丹尼爾·康納曼（Daniel Kahneman）也曾指出，注意力是一種有限資源。每當我們進行需要深度思考、判斷或抉擇的任務時，都會消耗這套資源。若不適當調整節奏，

第八章　比起時間管理，你更需要節奏設計

這種消耗將迅速累積成心理疲勞，使人陷入決策品質不斷下滑的惡性循環。

真正的效率，是懂得順應節律，在能量高峰期做對的事，在低谷時不與身體為敵。因為當你出現注意力降低、精神不濟的狀況時，是你的大腦正在提醒你：「該慢一點了」。

這些研究不僅限於理論探討，也逐漸被應用於生活設計。近年來，越來越多職場生產力顧問與職能治療師也開始倡導「節奏優先」的概念。他們指出，與其強調效率工具的使用，不如先幫個體建立自己的認知節律圖譜：哪一段時間最有精神？什麼時段容易陷入注意力疲乏？這些資料比任何精美的時間規劃表更能帶來穩定感。

對於「夜型人」或有非典型節律者來說，這樣的認知尤為重要。有研究指出，約有 20% 的人屬於「延遲型日節律」，意即他們的精神高峰出現在午後甚至晚上。當這類型的人被迫遵守傳統「早起－高效－午休－晚間收尾」的日程時，不僅產能低落，更容易產生慢性焦慮與自我批評，誤以為自己「不夠自律」，實際上只是身體節奏不被理解。

一位從事文字工作的自由接案者曾分享，他曾誤以為自己只要自由掌控時間，就能提高產能。為此，他建立了詳細的 Google 日曆，從早到晚排滿寫稿、回信、會議與學習行程，連休息時間都被細分為 15 分鐘的散步與飲水提醒。但

三個月後,他不但沒有如願達成進度,反而陷入嚴重的身心耗竭。他說:「這根本不是在過生活,我是強迫自己執行一份對自己極不友善的排程表。」後來,他重新觀察自己的精神高峰期與易疲憊時段,調整為上午創作、下午開會、傍晚處理事務,並將每日早上 10 點到 11 點設定為「無打擾時段」,在那段時間不接聽電話、不查看社群,也不安排其他任務。幾週後,他的寫作效率反而大幅提升,壓力感也顯著下降。

另一位醫療人員的經驗也頗有啟發。她是急診護理師,因為輪班制度,幾乎無法擁有穩定作息。在工作之外,她原本嘗試使用固定排程表想讓生活穩定一些,結果發現反而讓自己陷入自責與混亂。後來她調整策略,不再用理想模板衡量自己的時間利用,而是建立一套「彈性節奏回報表」,每天睡前簡單記錄三件事:今天哪一段時間最有精神?哪個行為最容易讓自己分心?明天要保留哪 30 分鐘給自己?這樣的微調方式,讓她即使面對不穩定的班表,也能持續維持心理節奏的掌控感。

這樣的轉變,不是靠更嚴格的時間控管,而是來自一種對內在節奏的理解與調整。內在節奏的重點不是「安排越多越好」,而是「在對的時機做對的事」。所謂的節奏感,並非一套可以複製的計畫模板,而是你對自身狀態的敏感度。

第八章　比起時間管理，你更需要節奏設計

　　你可以從一個小小的觀察開始 —— 每天找出你最清醒、最容易專注的一段時段，保留下來，成為你一天的核心節奏。那可能是上午喝完第一杯咖啡之後，也可能是下午黃昏前的安靜時段。然後，試著在這段時間裡，只做一件對你真正重要的事，並暫時放下其他雜訊。當你開始認真看待自己的節奏感，許多原本覺得「做不完」、「太混亂」的生活片段，也會慢慢開始出現新的秩序。

　　節奏不是對抗現實的方法，而是一種與現實並存的生活安排方式。當你願意去辨識自己的節奏，而非持續追趕別人的節奏，你也會發現：混亂的不是世界，而是你太久沒聽見自己內在的聲音。這份聲音從來沒有消失，它只是等著你重新靠近。

2. 小目標讓你不再拖延大計畫

很多人在面對目標時，卻反倒被自己設立的目標本身壓得喘不過氣。你可能也曾這樣經歷：立下明確目標、拿出計畫表，卻始終遲遲無法開始。那是因為在心理結構上，這樣的目標還太抽象，沒有辦法被「啟動」。

對大腦而言，「模糊」是一種壓力來源。當我們面對一個尚未具體化的任務，哪怕它不是特別困難，身體與認知仍可能出現自然的抗拒反應。行為心理學指出，大腦傾向將行動拆解為明確且具辨識度的單位，才比較容易產生啟動的意願。模糊會延遲行動，而具體則會促進行動。

心理學家羅賓・瓦拉赫（Robin R. Vallacher）與彼得・戈爾維策提出的「行動辨識理論」（Action Identification Theory）認為，我們在理解一個行為時，會依據不同的抽象層次進行詮釋。當你把一件事看作「寫完一篇論文」，它往往顯得遙遠、沉重又難以下手；但當你將它轉化為「打開筆電」、「列出五個核心問題」、「寫下第一段草稿」，那股原本難以接近的阻力，會慢慢讓位給可以一點一滴前進的動力。

這是一種符合心理運作的行動策略。因為只有當大腦知道「從哪裡開始」，行動這件事才會有發生的條件。這就像

第八章　比起時間管理，你更需要節奏設計

大腦需要一個進入點。當這個進入點過於複雜、不具體，或與現實距離太遠時，啟動行動的門檻自然就升高了。很多看似在拖延的人，其實只是卡在「從哪裡開始」這一層而已。如果沒有一個可執行的起始點，即使內心再怎麼想做，也會被模糊的不確定感牽制住。

一位過去在科技公司擔任資深設計師的朋友，在決定轉職進入心理健康領域後，曾陷入長達半年的停滯。他說：「我知道自己要讀心理學，也查過學程，還買了相關書籍。但每天看著書桌就是沒動力坐下來。」我們後來一起拆解這段卡住的過程，發現他對「準備進修」的定義過於籠統，他以為自己要先完整看完五本書、理解理論脈絡，才能開始著手準備申請。但當他把第一步改為「每天閱讀30分鐘、並寫下三行筆記」後，不到一週，他便開始自發性地安排後續行程。那個被壓住的狀態，一下子就鬆開了。

我們常以為目標設定要宏大、要遠見，卻忘了所有長期計畫的開始，都必須通過「可啟動」這一關。無論你的目標是考研究所、寫出一本書、轉換跑道、開始健身、重新找回生活秩序，它都需要一個不會讓你退縮的起點──那就是小目標的意義。

小目標不是將標準降低，也不是對自己妥協，而是從心理運作的角度，為行動創造可承擔的入口。當任務的起始點

2. 小目標讓你不再拖延大計畫

能與現實能力與當下情境連結，大腦才有機會評估：「這件事是我可以做的。」這種「可執行感」來自一種直觀的判斷，它決定了你願不願意啟動，也決定了你能否持續推進。

研究顯示，當人們在工作或任務中能夠清楚地感受到進展，哪怕只是很小的一步，內在動機就會隨之提升。這種推動感，並不來自最終成果的壓力，也不依賴外在的獎勵，而是來自一種穩定的心理訊號：我正在往前。

哈佛學者特雷莎・阿馬比爾（Teresa Amabile）在《進展原則》（*The Progress Principle*）中指出，真正能驅動創造力與持續行動的關鍵，不是一次做出巨大成果，而是每天都能在重要的工作上看見一點進度。那進度可以很小，也未必立刻有可見成效，但只要它讓人感受到「我不是原地踏步」，就足以帶動專注、投入與心理上的正向循環。

進展不只是結果，它也是狀態。當你知道自己正走在意義感清晰的路上，你就不會總是依賴外界給你掌聲，而能從過程中獲得踏實的動力。

這種進展經驗同樣適用於生活中各種看似無法啟動的大目標。一位三十多歲女性，在產後重返職場後陷入嚴重的生活混亂。她一方面想恢復運動習慣，另一方面也想完成心理諮商師的在職進修課程。但是每當想到報名流程、上課安排、照顧孩子、還要兼顧工作，她就陷入反覆自責與空轉。

第八章　比起時間管理，你更需要節奏設計

「我每天都在想該怎麼規劃，可是想到要一次處理這麼多，就不想動了。」她這麼說。

在一次深度晤談後，我們把「開始進修」這件事拆成五個行動：一、搜尋當地課程；二、打電話詢問細節；三、建立一個課程比較表；四、與伴侶討論接送安排；五、標出可行的報名時限。這些行動平均每項只需要 30 分鐘。她開始依序執行，並記錄每一步完成的感受。兩個月後，她完成報名，並已經進入第一階段的線上學習。她的進度並不比其他人快，但她說：「這是我第一次沒有用『我做不來』來退縮，而是一步步讓自己靠近。」

人們在面對尚未啟動的任務時，往往會因為預期的困難感或心理壓力而傾向拖延。這種現象，在行為心理學與執行功能研究中被視為任務啟動的核心障礙。

然而，一旦行動被啟動，即使只是簡單地打開一個檔案、整理一個資料夾，心理的阻力就會明顯下降。隨著任務進行，即使進度不快，也會逐漸形成一種「心理慣性」：人會因為已經開始，而更容易持續下去。這是因為行動本身就會產生推力。

行為經濟學家丹・艾瑞利（Dan Ariely）在其研究中也指出，完成一項微小任務所帶來的成就感，會成為可持續的心理動能來源。這種動能並不取決於任務的規模，而取決於個

2. 小目標讓你不再拖延大計畫

體是否從中感受到參與與推進。當人感覺「自己做得到」,就會更傾向再次嘗試。

這樣的感覺,也正是心理學家亞伯特‧班度拉在自我效能理論中所描述的關鍵——有成功經驗的人,會對未來的行動更有信心。即便只是完成一個不起眼的小任務,也足以為下一次的行動打開路徑。

要讓小目標發揮作用,關鍵不是拆得有多細,而是「拆到你此刻做得動」。你不用為了理想架構而列出一整頁步驟,只需要問自己一個問題:「如果我現在只能做一件小事,它會是什麼?」答案也許是發一封信、寫下一個問題、設定一個鬧鐘、查一個網址、或只是翻開筆記本的第一頁。這一點點的起頭,會改變你與目標之間的關係。

這種小目標推進法並不是新鮮概念,但它的效力經常被低估。太多人誤以為真正的改變需要從宏觀系統、策略計畫、全盤重整開始,卻忽略了那些能在今日就做的微小改變,才是真正打開行動之門的鑰匙。當你每天都能推動一小步,你的系統自然會隨著經驗進行調整。這種從「行動產出認知」的方式,是所有內在改變的穩定起點。

如果你不知道怎麼開始,不妨嘗試「三層小目標結構」這種具體的行動設計方式。第一層是「當天可執行的微任務」,例如「閱讀文章前兩段」、「整理報名信件草稿」;第二

第八章　比起時間管理，你更需要節奏設計

層是「本週期完成的可衡量成果」，例如「完成一份報名文件」、「進行一次討論」；第三層是「這個月內需完成的初步里程碑」，例如「提交報名表」、「完成前測作業」。這三層級的安排協助你保有一種向前移動的感知——這種感知，便是打破拖延循環最關鍵的心理機制。

很多時候，我們拖延的並不是事情本身，而是面對事情時的那份「無能為力感」。小目標的功能，就是用具體行動中斷這份無力。它讓你在進入任務時，不再先被內心的壓力淹沒。這種行動上的可控感，是內在穩定感的重要來源。

請記得，行動不是意志力的競賽，而是心理結構的設計。當你能在結構中看見進度、在細節中建立信心，你就能用一種更穩定的方式前進，而不再反覆被焦慮感拖住。你不需要一次完成所有，也不需要完美啟動，只需要確保——今天你跨出了一步。那一步，也許看起來很小，但它可能是你與未來產生連結的開始。

3. 把注意力放對地方，比有效率更關鍵

我們活在一個「做得多代表做得好」的世界。很多人每天忙著完成十件事，回頭卻想不起哪一件真的重要；每個行程都如期打卡，卻對整體進展感到茫然。這種「完成很多但沒有累積感」的狀態，正是注意力錯置的結果。當你每天把心力灑在太多事情上，就算看似完成了什麼，也難以在內心建立清晰的方向感。

心理學家丹尼爾・康納曼在其著作《思考，快與慢》(*Thinking, Fast and Slow*) 中指出，注意力並非無限供應的資源，而是一種每日都會耗損的心智配額。這個配額決定了我們當天能夠專注多少、做出多少判斷、處理多少複雜資訊。一旦資源用盡，即使仍在執行任務，也難以保持思考品質與決策準確度。

這種狀態，不只是疲勞，更關乎一個更細緻的問題：我們是否意識到，自己的注意力正花在什麼事情上。若這套選擇機制運作良好，我們能夠把心力投放在真正重要的任務上，做出有節奏、具推進性的行動；但如果它被雜訊干擾，或長時間暴露於分心環境中，即使我們努力不懈，最終可能

第八章　比起時間管理，你更需要節奏設計

也只剩下疲憊與挫敗。

懂得管理注意力的人，不見得比較聰明，而是更清楚如何保留自己的認知資源，用在對的地方。他們不是靠意志力撐住每一件事，而是靠選擇，讓真正有價值的事，有機會完成。

現代人面對的挑戰是「資訊太多」。社群通知、即時通訊、工作分派、協作系統、影音內容、學習平臺……這些系統本意是為了協助管理生活，但當我們的注意力被這些外部訊號持續牽引，就會出現一種「被推著走」的感覺。你還在回覆昨天的訊息，今天的新任務已經在會議上發出；你才剛想靜下來寫報告，下一則提醒又讓你重啟一個全新的問題。

這種情境下，效率工具幫不上忙。因為問題不是「怎麼做」，而是「為誰做、為什麼做」。當我們對注意力的分配沒有主動權，再強的執行力也只是處在不斷應付的循環中。這時，產出不是來自選擇，而是一連串對外部刺激的反應。

一位擔任中階主管的讀者分享過他的經驗。他每天進辦公室的第一件事，就是打開信箱、查看群組訊息、回應下屬提問。他說：「我從早上八點一直處理到下午，幾乎沒有一刻是我自己決定要做什麼。都是別人先出招，我在接招。」這樣的工作節奏讓他感到無比耗損，即便事情都有完成，卻

3. 把注意力放對地方，比有效率更關鍵

無法對任何成果產生歸屬感。後來，他嘗試每天預留一段「主動選擇時段」，在這段時間內不被動地回應任何即時訊息，只針對自己決定要推進的專案做出選擇。幾週後，他不僅工作穩定性提升，情緒波動也明顯減少。他說：「我第一次發現，我的狀態是可以被安排的，而不是只能應付。」

注意力並不是專注力的代名詞。專注力是我們在執行當下任務時維持聚焦的能力，而注意力的真正核心是「選擇焦點的能力」。當你能選擇要把心力放在哪裡，就算每次只能專注短短 30 分鐘，那也是你主動建構出來的選擇感。

心理學中的「選擇性注意理論」（Selective Attention Theory）指出，人的注意力資源有限，不可能同時處理所有外界資訊。為了維持運作效率，大腦會依據當前的目標與動機，主動篩選出值得投入的對象。這意味著，若我們缺乏明確的目標，或內在動機模糊，注意力就更容易被外界刺激牽引，讓原本該聚焦的事被不斷打斷、分散。

當這種注意力偏移變成常態，就會出現一種熟悉的心理狀態：每天都很忙，卻總覺得沒有進展。行動並沒有停止，但真正重要的任務卻難以推進。這種「忙碌焦慮」，正是因為你缺乏清楚的選擇方向。

神經科學研究指出，注意力在每一次切換任務時，背後都伴隨著明確的腦能量消耗。這並非無形之事 —— 每

第八章　比起時間管理，你更需要節奏設計

當我們從一項任務轉移到另一項，大腦便需要重新啟動認知策略，重新分配資源。這種現象被稱為「切換成本」（task-switching cost），是一種看不見但實際存在的心理負擔。

切換成本帶來的影響，不只是效率下降，更會波及決策品質與創造力。當一個人長期處於不斷被打斷、反覆轉換焦點的環境中，注意力很容易變得零碎。思考不再連貫、判斷變得表層化，也難以進入深度工作所需的整合狀態。

許多研究也指出，創造性來自長時間的專注與跨層次連結。當這些心理結構被不斷切斷時，我們所失去的不只是當下的專注力，卻是那種能夠深入思考、重組觀點的能力。

有一位自由職業者曾經歷類似的困境。他創業三年，一度同時經營品牌、主持活動、兼任顧問，幾乎每天從醒來就開始回應外界需求，直到凌晨才關掉最後一則簡訊。他說那段時間的疲憊感不是來自事情太多，而是「不知道自己為什麼這麼累」。後來，他開始嘗試記錄「什麼時候開始覺得煩躁、焦慮或想逃避」，並且不分析原因，只是純粹記錄時間與情緒。他很快發現，幾乎每次出現強烈不耐煩感時，都發生在他剛從一個任務切換到另一個沒決定順序的任務之後。

這個觀察讓他做了一個實驗：設立每天三次的「心理檢測點」，分別在上午、中午與傍晚，簡單問自己三個問

題 ── 現在的狀態是清晰還是混亂？這一小時內我做的事情有沒有幫我處理今天最重要的事？我現在是否感覺還能集中注意力？當他在其中任何一個時段出現「混亂」或「模糊」的感覺，就立刻暫停當前任務，改做一件能快速完成的小任務，比如發一封已擬好草稿的郵件、整理三筆資料，或只是將手邊檔案歸檔。這是為了讓注意力有一個重新聚焦的契機。

他說：「我以前一直以為要靠安排工作表來專注，但原來我需要的，是一個能察覺自己注意力狀態的方法。」這種以內在狀態為基準的調整方式，讓他不再依賴時間來劃分工作區塊，而是依情緒與認知負荷動態調整行動。他的工作產出並沒有變多，但是對工作的掌握感回來了。他開始相信，注意力不只是資源，更是一種需要照顧的心理關係。

若你常覺得一整天都在忙卻不知道忙了什麼，不妨試試這個簡單的「注意力記錄練習」：連續三天，每天花五分鐘記錄自己注意力集中在哪些任務上、被什麼東西打斷最多、在哪些時段最難回到工作狀態。這份紀錄不是為了追蹤效率，而是讓你看見 ── 自己的專注力到底花在哪裡？哪裡是主動選擇，哪裡又是被動回應？

很多人會以為自己沒耐性、注意力差，但更常見的狀況是：他們從沒被允許好好設計專注的條件。現代工作節奏讓

第八章　比起時間管理,你更需要節奏設計

我們習慣一次同時打開五個視窗、處理三個訊息源、回應十種刺激,但是人的大腦並不具備真正多工的能力。你可以同時進行幾個簡單操作,但無法同時做出多個有品質的認知判斷。當這種多工期待成為常態,專注本身就變得稀有。

這也說明了為什麼「專注的時間」要被視為一種有限資源,而非無限供應。你不可能每天從早到晚都處在深度專注狀態,但你可以為自己保留一段真正高品質的注意力時段。這段時段不一定長,有時甚至只有 30 到 45 分鐘,但如果你能在這段時間內屏除干擾、清楚聚焦,那種專注力所帶來的產出品質與心理穩定感,是零碎處理一整天都無法比擬的。

要做到這一點,並不需要激烈地完全斷網或強迫自己封鎖所有刺激。真正關鍵的是「事前選擇」:你是否在開始每一天前,為自己的心力做出配置?你是否願意在一早就選定「今天真正要做的一件事」,並讓其他事務盡可能繞過那段核心時段?這樣的安排,就像為你的大腦鋪出一條專屬通道,在這條路上,你能夠暫時免於分心的追逐,真正走進屬於自己的創造與思考。

有一位正在準備國考的年輕讀者,曾分享她的專注管理方式。她並不使用任何手機阻擋工具,也不安排密集讀書行程表,而是在每天早上起床後,選擇一個「最想先解決的章節」,並寫下:「我今天會為這個章節留出最好的狀態。」她

3. 把注意力放對地方，比有效率更關鍵

說，這種做法讓她不再把讀書視為壓力源，而是一種自己決定的行動。那天即使進度不多，她仍會感到心理上有某種實質的掌控。

選擇，就是關鍵。注意力從來不只是專注的長短，而是來自於我們對「要不要進入這個任務」的那一刻決定。當這個選擇是由你自己做出，你就會在行動裡感受到穩定與力量。

第八章　比起時間管理,你更需要節奏設計

第九章
失敗，不等於你不夠好

第九章　失敗，不等於你不夠好

1. 別將失敗當成全面性的否定

有些失敗，會讓你痛不欲生，並不是因為失去了一件事，而是那件事連帶把你對自己的信念也摧毀了。那是一種比失去目標更難承受的心理震盪，因為它讓你懷疑自己是不是根本不值得站起來。

這種感受，在你跌倒的當下非常真實。它不一定來自外在評價，有時甚至旁人並不覺得那是什麼嚴重的挫敗，但是你自己知道，這一次的失手動搖了你心裡某個重要的位置。你也許會因此沒辦法再相信自己可以做到、可以被需要、可以被信任。

這種心理上的「自我塌陷感」，是失敗最深層的影響。比起事情沒完成，更痛的是在這之後看自己的眼光開始變得扭曲：怎麼會這麼笨？怎麼連這麼簡單的事都做不好？我是不是根本不適合這條路？

你以為你在檢討一個任務，但其實你是在質疑自己整體的價值。

心理學研究早已指出，當人們在高度投入的任務上遭遇失敗，會產生「自我威脅反應」，這種反應會將行為結果直接連結到整體自我概念上，進而引發羞愧、否定與退縮行

1. 別將失敗當成全面性的否定

為。簡單來說，當一個目標越貼近我們的身分認同，我們越容易把失敗看成對自我的否定。

很多人其實不是輸在能力，而是輸在失敗之後對自己的詮釋。那種「我不夠好」的語言會慢慢蔓延到整個心理結構裡，讓人無法前進，甚至連下一步都不敢思考。這也是為什麼我們常看到有些人失敗一次後就徹底退出舞臺，這不一定是他沒有能力，更也許是他無法承受那種「被否定的不只是行為，而是整個人」的痛感。

許多人在經歷失敗後，容易將表現不佳視為自身價值的證明，這樣的傾向並非偶發，而是源於一種從小被灌輸的深層信念——個人的價值取決於是否表現得足夠好。當成績、排名與他人評價成為衡量標準，個體便學會以結果定義自我，逐漸將「做得好」與「我是好的人」劃上等號。這種信念在教育體系與社會評價制度中反覆出現，使人難以區分事件的結果與自我價值之間的界線。根據「成就目標理論」（Achievement Goal Theory），當一個人傾向於追求外界認可並避免他人批評，也就是處於「表現導向目標」（performance goal orientation）時，自尊會顯著依附在外在回饋之上。此時，只要一次成績未達預期，就足以動搖個體對自身能力與價值的整體評估。這樣的心理結構，削弱了人面對挫折時的承受力，也讓錯誤變得難以承擔。

第九章　失敗，不等於你不夠好

但表現只是一種行為的當下結果，它不等於你這個人所有面向的總和。你可能在某次比賽中表現失常、在某個提案中被拒絕，甚至在某段關係中沒能好好處理衝突，但這些都只是你人生中的一段經歷，它不會自動延伸為「你這個人不值得被看見」。把單一次結果擴大為自我價值的衡量，是一種認知偏誤，只是我們從來沒學過如何去覺察它。

一位我曾協助過的個案，是一名大學臨床實習生。他在第一年進入醫院後，便遭遇一次重大錯誤——在整理病例時因為資料格式錯誤，導致醫師誤判用藥時機，雖未造成病人實質傷害，但仍讓整個團隊遭到主管嚴厲質疑。那天他回到家後，一整晚不說話。隔天他提出休學申請。他說：「我不應該站在這個位置，我根本沒有資格做這一行。」

我們花了很多時間去辨認一件事：那份羞愧，到底來自於什麼？最終他自己說出：「我一直都覺得，我能站上這條路，是因為我一直很努力，一直被說是好學生。但是一旦出錯了，我就無法說服自己還能留下來。」

有些人面對失敗時的沉默，不是來自逃避，而是一種說不清的茫然——他們不知道，在失去了原本依賴的標籤之後，還有什麼能夠支撐自己繼續站穩。他習慣以表現來定義自我，當成績不再如預期，整個人彷彿也跟著失去效能般陷入空白。這樣的現象，在心理學中可被理解為「自我概念過

度集中」的結果。當一個人的認同過於依附在單一角色或能力上,例如「我是優等生」、「我是主管」,那個角色一旦動搖,就容易牽動整體心理結構,產生失序與挫敗感。

相對之下,「自我複雜性理論」(Self-complexity Theory)提供了另一種更具穩定性的結構觀點。根據蘇珊‧琳薇爾(Susan H. Linville)的研究,當一個人對自我有較多元的認知時 —— 也就是擁有較高的自我複雜性 —— 來自單一面向的失敗較不容易全面衝擊其情緒狀態。因為這樣的心理結構具備彈性與緩衝機制,即使某一領域受挫,其他未受影響的面向仍能維持自我整體的穩定。例如,一個工作上遭遇瓶頸的主管,若同時也認同自己是個細心的朋友、熱愛攝影的創作者、家庭中的穩定力量,這些角色可以在他受挫時提供心理支撐,減輕單一失敗所帶來的傷害感。

這樣的結構是一種真實可行的心理韌性來源。在多元認同的支持下,挫敗不再等同於崩解,而會成為自我系統中可以承受的部分波動。

當我們能將自我價值拆解成多個來源,就不會在一次錯誤中全盤崩塌。這並不是讓你逃避責任,而是讓你知道:你的人格完整性並不取決於一場考試、一個面試、一個錯誤的選擇。真正成熟的自我感,是可以容納破碎與未完成的。

但這樣的認知並不會自動出現,它需要練習。很多人從

第九章　失敗，不等於你不夠好

小被教導要表現好、要獲得稱讚、要讓別人滿意，卻沒有人教我們：當這些都沒有了，我們還可以怎麼看自己。於是我們只能用最直覺的方式解釋──「我就是不夠好」──然後把這句話烙印進心裡，再也不敢往前踏一步。

我曾在一場臨床研究的分享中聽到一位精神科醫師說過：「許多病人之所以難以走出創傷，是因為他們心中無法承擔那個失敗的自己。」這句話讓我印象深刻。人會跌倒很正常，但更重要的是，我們內心是否有為「跌倒之後的自己」保留空間。

真正的穩定感，不在於你從不犯錯，而是在錯誤發生時，你仍然能夠找回對自己的信任。信任什麼？信任你願意面對、信任你有能力修正、信任你不是完美但值得繼續往前走。這種信任無法靠外人為你打氣，也無法靠說服自己堅強，它來自你對自己的深刻理解：我雖然曾經失誤，但那並不是我的全部。

你可以在失敗後躲起來，也可以選擇靜下來。你可以先不急著振作，而是先問自己：「我是不是把這次的失敗當成對我整個人的審判了？」如果是，那就提醒自己：你跌倒的當下，僅代表那次行動沒有成功，並不代表你整個人就此失格。

人會有摔跤的時候。有時候摔得特別痛，是因為你過於

1. 別將失敗當成全面性的否定

希望用那件事來證明自己。但你其實還有很多部分,是這一次的失敗無法定義的。如果你還願意再試一次,那就是證明你還沒有放棄。失敗不是定罪,它只是讓你看見:你可以重新選擇,如何以及何時,再次站起來。

第九章　失敗，不等於你不夠好

2. 復原力的核心，是你如何看待過去

很多人在談復原力時，會以為它是一種天生特質，彷彿有人天生就比較能承受挫折、比較快「振作起來」。但真實情況往往不是這樣。復原力並不只是一種情緒的回彈能力，它更深層的來源，是一種能夠重新看待過去的能力。不是把發生的事忘掉，也不是說服自己「一切都有意義」，而是能不能找到一種說法，讓你有辦法與那些還沒結束的記憶和平共處。

在心理學的敘事觀點中，有一項核心概念已被多項研究重複驗證：一個人如何說出自己的過去，將深刻影響他如何理解當下的處境，並決定對未來的掌握感。美國心理學家丹・麥克亞當斯（Dan P. McAdams）在其生命敘事的研究中指出，自我認同並非固定不變的性格結構，而是隨著我們如何建構與詮釋個人經驗而逐漸形成。他將這個歷程稱為「敘事自我」（Narrative Identity）── 意即人們的生活不是根據事件本身展開，而是根據對這些事件所賦予的意義來延續。

這個觀點看似簡單，但它對復原力的啟發是深遠的。許多人面對創傷或挫敗的困難，不在於事件本身的強度，而在

2. 復原力的核心，是你如何看待過去

於他們無法為那段經歷找到一個不會讓自己再度受傷的說法。也就是說，傷口還在，而每次回想起來，都還是只能用最初那個痛苦的敘述去說它。

曾有一位四十多歲的女性，在經歷中年轉職失敗後，長達兩年無法重新投入工作。她曾是出版社的主編，資歷完整，也曾帶出過許多新秀編輯。後來因為組織重組，她在毫無預警下被資遣。雖然得到了離職補償，但她說最難承受的不是收入落差，而是那份「被拋棄感」。她說：「我覺得自己是被放棄的，整個人都被認為已經沒有價值了。」這句話在她口中重複出現過很多次。我們花了很長時間討論，她已經可以接受這樣的結果，卻還是無法處理這個「意義上的失落」：為什麼這麼多年努力，到了最後卻像什麼都沒留下？

很多人經歷挫敗之後，真正卡住的，是原有的身分突然中斷了，卻還來不及建立下一個角色的位置。這種「身分斷裂」的狀態，會讓人長時間處於模糊與遲滯，甚至自我責備中。

一個人若長期用單一角色定義自己 —— 像是「我是專業工作者」、「我是家庭支柱」、「我是有價值的貢獻者」——一旦那個角色被迫中止，內在就容易陷入認同失焦。沒有人教過我們：當過去的角色終止時，新的角色不會自動接上，它需要被設計與選擇。

169

第九章　失敗，不等於你不夠好

而復原力，往往就從這個位置開始建立——不是處理過去的痛，而是開始思考：「下一個我，要以什麼為基礎建立？」

那位主編在後來一次回顧會談中，終於緩緩說出：「我不能說那段時間有什麼好處，但我願意承認，它讓我真正去問自己：如果我不是編輯，我還是誰？」她沒有試圖在挫敗中找到價值，而是開始找出更真實的自己。

在心理學研究中，創傷後的心理變化有一個清晰可辨的理論架構，即「創傷後成長」(Post-Traumatic Growth, PTG)。這一概念由美國心理學家理查德·特德斯奇 (Richard Tedeschi) 與勞倫斯·卡爾霍恩 (Lawrence Calhoun) 於 1996 年提出，強調當個體歷經重大生命逆境時，若能透過誠實的自我反思與穩定的社會支持，便有可能在心理層面產生更深的自我理解與價值重整。這樣的轉化歷程並非要抹去痛苦，也不意味著創傷會因此變得正面，而是指出——在人生的破裂處，有時確實存在生成新結構的可能性。

然而，PTG 並不等於快速復原，更不保證所有人都會因此獲得成長。它所提出的，不是通則，而是一種潛在的可能性——這種可能性發生的前提，是個體能夠開始說出那些尚未完全整理的經驗。在這個過程中，語言扮演關鍵角色。如果我們只能以「我太差勁」、「我一無是處」這類封

2. 復原力的核心，是你如何看待過去

閉式敘述來面對過往，那些經歷就會被固定在無法轉化的位置，持續對當下造成干擾。但當我們漸漸能以開放的語言進行描述，例如：「我曾經被打擊過」、「我還在理解那段歷程」、「我正在試著重新連結它的意義」，這樣的語句不僅改變我們與經驗之間的關係，也逐步打開了心理內部可調整的空間。

語言是重新定義邊界的工具。曾有一位三十歲的男性分享，他在研究所畢業後落榜了四次國考。他說，每次落榜那幾天，他就像自動關機，不想講話、不想出門，也不想跟任何人解釋。他說得很坦白：「我不知道怎麼面對自己。」

當我們談復原力時，不能只談重整計畫、重新出發這類行動向語言。真正困難的是，在內在還卡住的時候，我們是否有空間允許那種「還沒找到答案」的狀態。那位落榜多次的個案後來說：「真正讓我重新站起來的，不是我找到什麼方法，而是我第一次跟朋友說：我現在真的不知道該怎麼做。」那個被理解的瞬間，是他復原歷程的起點。

這也是我們需要重新定義復原力的原因。它不是「盡快回到原位」，而是「允許自己重新定義那個位置」。復原不是一條直線，也不是每一次都能馬上找到出口。它比較像是一種重編過去的方法：你還是帶著那段經歷，但你不再被它拉住。

第九章　失敗，不等於你不夠好

在情緒調節的理論中，美國心理學家詹姆斯·格羅斯提出「認知重評」（Cognitive Reappraisal）這一策略，意指當個體面對情緒事件時，透過重新詮釋該事件的意義，來調整內在感受，進而減緩負面情緒對身心的衝擊。這項調節方式屬於一種主動的心理重組，而非單純壓抑或忽視情緒，它要求的是個體對經驗本身的理解產生移動。

當我們能將內心的語言從「那段經歷毀了我」轉換為「那段經歷讓我意識到我有多在乎那件事」，同一件事所帶來的心理反應就會產生質的變化。研究顯示，這種轉變不僅有助於降低情緒張力，也會開啟另一種與自身對話的模式，使復原得以真正啟動。情緒的調整並非消除情緒，而是對其結構與意義的重新編排。這樣的編排，往往正是通往恢復力與內在整合的關鍵入口。

復原力不只是個體內部的資源，它也來自於你身邊是否有足夠的空間與語境，讓你可以慢慢說出你自己內心的真實想法。這不一定需要心理師的晤談，有時候一段不被打斷的傾聽、一句「我在」的回應，就足以讓一個人開始整理自己。

最後，你不需要立刻為所有的傷痛找出意義，也不需要強迫自己從挫敗中「學到什麼」。你只需要知道，復原力不是你有沒有學到教訓，而是你願不願意重新跟過去說話。那

2. 復原力的核心，是你如何看待過去

段經歷可能依然混亂、依然痛，但當你開始能用自己的語言去承認它存在時，它就不再控制你，而是成為你的一部分。

你會帶著它繼續走下去，但這次是帶著理解，而非恐懼和痛苦。

第九章　失敗，不等於你不夠好

> ## 3. 從跌倒到前進，
> ## 心理學如何幫你站起來

有時候，真正困難的，不是承認自己跌倒了，而是接下來要怎麼動，才不會再一次失去重心。你可能已經理解失敗不代表你整個人沒價值，你也願意正視過去的經歷。但當一切暫時靜下來，生活沒有立即要面對的事，你會發現：最難的是重新啟動。

許多人在經歷重大挫敗或長期停滯後，會進入一種「行動癱瘓」狀態。他們不再否認失敗，也不再逃避過去，卻遲遲無法走出當下。他們會說：「我知道我要重新開始，但我不知道要從哪裡開始，也不知道哪件事值得我去做。」

在心理學研究中，德國學者朱利葉斯‧庫爾（Julius Kuhl）所提出的「行動導向理論」（Action Control Theory）提供了一個理解行動啟動困難的重要觀點。他指出，當個體面對壓力、挫敗或未完成任務時，若傾向於行動導向（action orientation），較能從情緒牽動中迅速抽離，並進入具體的行動流程；而傾向於狀態導向（state orientation）的人，則容易陷入反覆的內省與猶豫，使得決策與行動出現延遲或停滯。

3. 從跌倒到前進，心理學如何幫你站起來

這樣的心理機制揭示出，行動難以啟動的原因，往往並不在於努力意願的缺乏，而是個體尚未發展出從情緒或反芻狀態轉換到可執行行動狀態的能力。這並非單靠說服或鼓勵就能啟動的歷程，而是一種需要逐步建立的心理運作能力。它仰賴的是環境結構的支持、行為任務的可實踐性，以及過去成功啟動經驗所累積出的內在感知。唯有在這樣的條件下，行動的可能性才會逐漸具備落實的基礎。

在這樣的狀態下，任何看起來「有目標性」的計畫反而成為壓力來源。很多人會嘗試重新設定長期目標、建立每日清單、訂立一週進度，結果發現根本無法執行。不是方法不好，而是他們的心理系統還沒準備好重新承擔行動的重量。

曾經有一位五十多歲的男性個案，他在四十五歲那年辭去穩定公職，決定回鄉照顧患有重度障礙的哥哥。那原本只是幾年的中斷，沒想到哥哥的病況反覆，他一做就是八年。這八年中，他沒有再接任何全職工作，只偶爾接翻譯案貼補開銷。哥哥過世後，他一度想重新投入社會，但遞出履歷的那幾天，他說：「我發現我不知道怎麼介紹我自己，我連履歷表的『現況』欄都寫不出來。」他明明有能力，但是整個行動系統已經斷線太久，沒有任何慣性可以接上。

在實務經驗中，無論是臨床介入或行為設計領域，專業工作者普遍發現：對於長期停滯或創傷後難以行動的個體，

第九章　失敗，不等於你不夠好

與其制定宏大的目標計畫，更有效的方法是設計「心理負荷低的小範圍嘗試」。這些嘗試並不強調成果，而是強化一種初步的「可執行感」，也就是讓當事人重新體驗：自己還能對環境做出反應、還能完成某件有起點與終點的事。

這類嘗試的設計原則，通常會包含幾個要素：具備高度可控性（例如明確開始與結束的任務）、時間範圍短（不超過一小時）、對失敗具寬容空間（即使中斷也不需重來），以及與原本失敗場景明顯不同，避免喚起過度焦慮的聯想。這樣的安排，有助於降低「重蹈覆轍」的心理預期風險，讓人更願意進入行動。

前述那位中年男性個案，在開始履歷前，我們設計了幾個他能在生活中實行的小嘗試。他先是每天清晨出門散步20分鐘，並記錄沿途觀察的細節，目的是讓他重新練習「觀察與描述」。接著，他開始每週幫社區圖書館翻譯公告，雖然工作量不大，但他需要在限時內完成，重新接觸任務截止的節奏。這些看似與求職無關的行動，其實是重新建立他的行動系統：從接收任務、執行任務，到完成並交付。

四個月後，他重新建立了一份簡潔的履歷，在自我介紹的部分寫上：「近年我暫停了全職工作，專注於家庭照顧與個人調整，目前已逐步恢復工作節奏，並持續更新專業技能，希望重新投入能發揮經驗的領域。」他後來並沒有回到

公職,而是開始參與地方公民計畫的口譯與資料翻譯工作。他說那份工作不算大,但每天都會讓他有一種感覺:「今天我完成了一件需要我去做的事。」

這句話的重量,在許多心理復原的研究中反覆被提及。真正能讓一個人重回行動的,不是他看到未來多明亮,而是他對當下的行動感到有存在意義。存在意義不來自理想,而來自你在一個小任務裡,看見「自己正在參與」。

在臨床實務中,我們也發現一個關鍵轉折點:當一個人開始能夠承擔一小段不確定,並願意進入尚未完全掌握的情境時,那代表他的心理系統已經開始恢復彈性。

而這份彈性,不是靠信念就能培養出來的。它來自實際行動中的「微小自我回應經驗」:例如,你告訴自己今天要出門散步,你真的做到了;你說要打一通電話給老朋友,你完成了,雖然只是閒聊;你打開塵封已久的文檔,重新寫下幾句話,即使還談不上動筆創作。這些都是具體的自我回應,不需要旁人肯定,也不需要成就累積。它們是你與你自己之間的心理契約。

重建行動系統的過程不會快,也不會明顯。你甚至不會在某一天突然感覺「我準備好了」。相反地,它比較像是你在一段時間內發現:你越來越能穩定地做出選擇、越來越不容易被未知的情境嚇住、越來越可以在完成一件事之後,允

第九章　失敗，不等於你不夠好

許自己感受到那份投入感。

重新站起來是一整套心理結構被重新串連起來的結果。它包含了目標的重構、風險感的調節、自我信號的辨識、以及與他人互動的設計。當這些條件一一浮現，人就不再需要「振作」或「激勵」，而是自然地開始做出選擇。選擇什麼並不重要，重要的是你開始選了。

如果你正在經歷一段停滯，不妨問自己一個問題：「現在這個狀態裡，有沒有一件事，是我可以嘗試一下的？」不是一定要成功，也不是非得完成，只要它能讓你重新感受「正在行動」的心理路徑，那就是一個起點。

真正的前進，不是心理準備好了才會出發，而是你願意帶著還沒完全恢復的自己，嘗試走出下一步。就算那一步很短、很慢、很不穩，它依然是你往前的證明。

你已經不是當初跌倒的那個人。你正在學習在這個當下，為自己重新創造一個可以動起來的方式。

第十章
讓你被看見的不是表現，而是態度

第十章　讓你被看見的不是表現，而是態度

1. 成就感需要靠自己的認可

有些人，做得再多也不快樂。明明被讚賞，也有成果，但每當別人說：「你好厲害」、「你真的很棒」時，內心卻升起一種說不出口的空虛。他們點頭微笑，心裡卻想著：「這不算什麼」、「只是運氣好」、「我只是做該做的事而已」。這種落差的關鍵在於：你怎麼看待你做到了這件事的理由。

真正的成就感，從來不是別人說了什麼，而是你自己怎麼解釋你所完成的那件事。如果你總是覺得「只是剛好」、「我只是剛好沒犯錯」、「別人幫了很多」，那麼無論你完成多少、表現多突出，你的內心都會停在一個狀態──我沒有真正做到。

在心理學的成就動機研究中，伯納德·韋納（Bernard Weiner）提出的「成就歸因理論」（Attribution Theory of Achievement Motivation and Emotion）為我們提供了一種理解自我評價與行動傾向的分析架構。他指出，當人們面對成功或失敗時，往往會下意識地試圖解釋其原因。這些對事件的解釋模式，也就是所謂的「歸因」，將深刻影響個體所產生的情緒反應、未來的行動選擇，以及對自身能力與價值的評估。

1. 成就感需要靠自己的認可

韋納將歸因的方式分為三個基本構面：因果位置（事件的成因是源自內在還是外在）、穩定性（這個因素是否隨時間改變）、以及可控性（結果是否可以由個體所掌握與調整）。例如，若一名學生將考試失利歸因於「我不夠努力」，這是一種內在、可控且相對不穩定的歸因；而若歸因於「我天生就不擅長數學」，則屬於內在、不可控且穩定的解釋。這三個構面的組合不僅塑造了我們對當前事件的詮釋，也逐步形塑出自我概念的基礎與行動模式的傾向。

舉個例子，當你完成一場簡報，如果你告訴自己：「我表現好，是因為我準備得很充分」，這是一種內在、可控、穩定的歸因。這樣的歸因能強化你的自我效能與自信感，也容易讓你複製這次的努力模式；但若你反過來認為：「只是剛好主管今天心情好」、「大家標準低才讓我過」，你其實把自己的成就歸因到外部、偶然且不可控的因素。這麼一來，即使你事實上做得很好，心理上也無法產生真正的成就感。

這就是為什麼，有些人越做越沒感覺。他們有能力，但在每一次完成後，都用一套「這不算什麼」的語言把自己的努力稀釋了。長久下來，不只失去自我肯定，連再投入新任務的動力也會下降。因為內心始終覺得：就算我再做到，也不會讓我真正感覺有價值。

這個問題在一些職涯中斷或轉型階段的人身上尤其明

第十章　讓你被看見的不是表現，而是態度

顯。曾經訪談過一位五十歲的技術職男性，他原本從事機械維修相關工作二十多年，因產業外移與身體傷勢離開職場數年，後來透過職訓重新學習電控技術，進入一間小型製造公司擔任品管工程助理。雖然他實質貢獻良多，並多次被主管稱讚細心、效率高，但他卻常說：「這不是什麼真正的專業，我只是在做一些別人不想做的小事。」

在一次深談中，我問他：「你怎麼看你現在做得這麼穩？」他回答：「因為我運氣好，這家公司剛好缺人，剛好沒人跟我搶。」這樣的回答乍看謙虛，但其實透露出一種長期習慣的歸因模式——將成功歸因於運氣與外部情境，而非個人能力與選擇。

當我問他：「如果今天你不是運氣好，而是你真的做得好呢？」他沉默了一下才說：「我沒有這樣想過。我一直覺得要是我有真本事，就不會中斷那麼多年了。」

這種語言的力量不容小覷。它會讓人即使表現良好，也無法累積自信，因為心理結構裡不承認「這是我做出來的結果」。而如果我們長期使用這樣的語言，就算環境再肯定我們，我們的內在也無法產生對等的認可。

那麼，要如何改變這種內在消融的傾向？最根本的起點，是學會重新建構「內在歸因」的語言，也就是練習用自己能控制、能理解、與自己有關的理由來解釋自己的行動結果。

1. 成就感需要靠自己的認可

這裡有幾個具體的方法，可以幫助你逐步練習這種「自我認可」的建立。

第一，是事件回顧練習。每天花三分鐘寫下一件你完成的事，無論大小，然後回答這三個問題：這件事成功的因素是什麼？我做了哪一部分？我是否有意識地做了決策或投入努力？這是建立「我的行動有影響」的證據。

第二，是語言轉譯練習。當你下意識說出「我只是剛好有空」或「還好別人沒挑錯」時，請你停下來，改成：「我安排好了時間」、「我保持了細心」。這種語言不是硬要自誇，而是將模糊的運氣轉化為具體的行動責任歸屬。

第三，是失敗語句的重組練習。當事情沒做成時，不要急著說「我就是不行」或「我一向都這樣」，而是問自己：「我這次在哪一個環節失誤？是準備不足、理解有誤，還是時間安排問題？」這種可以幫助你將失敗具體化，而非人格化。

很多人誤以為這樣的語言修正是「自我安慰」，但事實上，它是重新建立自我效能與責任感的基礎。因為如果你永遠只把結果交給環境、情緒、別人，那麼你永遠都只能做觀眾，而不是自己人生的主導者。

當你開始練習以自己可以控制的部分來解釋成功與失敗時，你會慢慢地發現，內在的穩定感也隨之建立起來。這種穩定感不是一種「我很好」的自我評價，而是一種「我知道

183

第十章　讓你被看見的不是表現，而是態度

我為什麼能夠做到」的心理認知。

你可能還是會焦慮、還是會擔心做得不夠好，但你不會再因為別人不拍手，就懷疑自己是否值得。因為你早已明白，那件事能完成，是因為你自己做到了 —— 你思考過、選擇過、投入過。這才是真正可累積的成就感。

掌聲會過去，讚賞會改變，但你與你自己的對話會留下來。當你能穩定地說出：「我知道我為什麼能完成這件事」，那就是你正在用自己為自己站臺。自我認可不需要舞臺，也不需要觀眾，它就是你前進的力量來源。

2. 與其追求完美，不如練習完成

你可能也曾有過這樣的經驗：一件事情明明已經做得差不多，卻總覺得還可以再改一下；眼看截止時間將近，卻還在猶豫要不要再多加幾個細節。別人看起來你做得很好，你卻遲遲無法交出去。而腦裡一直有道聲音縈繞著你：「這樣真的夠好嗎？」

完美主義，表面上看起來是一種高標準的表現動力，實際上卻常常是讓人行動停滯、無法完成任務的心理主因。許多人以為拖延是因為不想動，其實真正的拖延，很多時候是因為太在乎做得夠不夠好，結果反而什麼都交不出去。

在當代表現導向壓力普遍的背景下，「完美主義」不再是一個單一性的心理特質。心理學家保羅・休伊特（Paul Hewitt）與高登・弗雷特（Gordon Flett）於 1991 年提出的「多構面完美主義理論」（Multidimensional Perfectionism Theory），將完美主義區分為三種相異但彼此相關的形式：自我導向完美主義，指個體對自身設定極高標準；他人導向完美主義，是對他人表現提出嚴苛要求；以及社會規範導向完美主義，則是相信自己受到他人高度期待，不能犯錯、不能失敗。

第十章　讓你被看見的不是表現，而是態度

其中，自我導向型完美主義者的特徵，往往不是動力不足，而是長期活在一種無法容許「未達到理想水準」的內在壓力中。這類個體傾向將每一次表現都視為自我價值的證明，一旦未能達標，便容易陷入自我批判的循環。即使外界看來他們已非常努力，他們仍無法接受自己有失誤的可能，這種高度內化的要求，既是驅動力的來源，也可能成為情緒耗損的根源。

這種思維會讓人過度專注於「避免失誤」，而不是「完成任務」。結果是，一個本來可以完成的作品，會因為「還沒到最好的狀態」而無限延後；一個該交出去的簡報，會因為「還有兩頁不夠漂亮」而錯過時效。這是一種自我價值與產出綁定過緊的現象。

我曾訪談過一位剛從設計系畢業的實習生，在準備參加一項國際插畫徵件活動時，已經完成了五幅作品初稿，每一件都耗費了大量時間。但她在最後一週選擇棄權，理由是：「我覺得還可以再改一下，可是如果改不好，反而會讓整體失衡，與其交出一個不夠好的版本，我寧願不交。」

她無法忍受「交出去後被評價的結果不是最好」。她說：「我不怕辛苦，但我怕畫了十次，結果還是不夠好。」這正是典型的自我導向完美主義，它讓人持續修正，卻永遠不敢定案。

2. 與其追求完美，不如練習完成

　　她後來參加了工作坊，在其中一項練習中被要求「每天限時 15 分鐘完成一張速寫，禁止修改」。起初她非常抗拒，覺得交出一張未完成的畫會讓自己感到羞愧。但在連續七天的練習之後，她第一次感受到「交出去」與「完成作品」這兩件事是可以分開處理的。她說：「我以前總覺得完成要等到心裡完美才算，但現在我知道，有時候作品可以在不完美中結束，重點是我願意讓它有出現的機會。」

　　這段經驗不是讓她降低標準，而是讓她意識到：完美不是完成的前提，而是完成後的延伸 —— 可以在完成後繼續優化，但如果永遠等不到那個「夠好」的版本，就無法開始累積任何實際作品。

　　在心理行為與創造性研究中，一項重要的觀察指出：相較於試圖一次完成所有細節的任務模式，採取「漸進式完成心態」(iterative mindset) 更有助於長期的產出與持續行動。這種心態的核心，在於將每一階段的完成視為一個「可用版本」，不是結果的終點，而是下一步調整與優化的起點。這樣的觀念廣泛運用於產品設計、原型測試、軟體開發等領域，也越來越常被應用於個人任務與習慣建立的心理策略上。

　　當一個人因為「還沒最好」而反覆延後結束任務時，實際上中斷的往往不只是工作流程，更是內在節奏與行動動能

第十章　讓你被看見的不是表現，而是態度

的累積。完成本身是讓我們有機會回顧、修正與重新設計的節點。每一次階段性的完成，都是一個新的起始點，也是讓心理系統進入自我調整迴路的必要條件。如果沒有這些明確的中繼站，行動就無從更新，學習也難以真正轉化為進步。所謂持續改進，不是源自完美的起手式，而是來自一個允許修正、預留空間的完成節奏。

那要如何從完美導向的心理結構，轉向完成導向的行動習慣？以下三個練習提供你初步的切換方式：

第一個練習是任務命名切換。當你面對一項需要高完成度的工作時，先不稱它為「最終版本」，而是稱為「第一版」、「草稿一號」、「可送審版本」。語言的命名不只是文字，它是你對任務期待的心理暗示。當你允許自己使用暫時性標籤，你的心會比較願意「先做出來」，而不是「做到最好才敢給別人看」。

第二個練習是強制輸出時間。為自己設定一個強迫交付點，即使進度不完美，也必須將目前版本整理並送出。例如每週五下午五點，把你當週的進度整理成PDF，寄給自己、朋友或導師。這種輸出讓你練習「斷點」，讓一段工作先暫時結束，從而進入下一段。

第三個練習是完成感日誌。每天記錄一件你完成的事，不管是處理完一封信、結束一段整理、還是洗完一盆衣服。

2. 與其追求完美，不如練習完成

重點是讓自己習慣用「完成」來劃分時間，而不是「做到最好」來延長時間。

有些人會擔心，這樣是不是會變得馬虎？是不是在逃避品質要求？但事實上，這三個練習的目的是讓你有空間開始、結束與反覆優化。如果你沒有完成，就無法建立迴路。

在那位實習生後來的專訪中，她提到：「我現在還是很在乎畫面細節，但我學會先交一版出來，然後再一張一張修。」她不再等待靈感完整降臨，而是先做出雛形，再透過批次修正讓作品慢慢貼近她想要的樣子。她說：「我從『想被認可』，轉變成『願意被看見』，這中間最大的不同是：我開始願意讓自己不完美的樣子也有位置。」

這就是完成的價值。不是為了趕進度，而是為了讓你不再永遠被卡在開頭。當你願意說：「這一版，先這樣」，你就開啟了自己與這件事的真實互動。而當互動開始，改進才有可能。

完美是一種靜止的投射，但完成是一種動態的參與。當你每次都願意把當下的你交出去一部分，你會發現：你做得越多，你就越能接受那個還沒做完的自己，也就會真的開始參與自己的成長。

第十章 讓你被看見的不是表現，而是態度

3. 態度決定深度：
做事之外，還有做人

你可能合作過這樣的人：他做事效率不一定是最快的，表現也未必最亮眼，但你總是願意把重要的任務交給他。說不上具體理由是什麼，但是你知道，只要他答應了，就不會讓事情掉鏈子。即使遇到變數，他也會提早通知、清楚說明，從不讓你陷入不確定或臨時補救的焦慮。

你也可能遇過另一種人：交代事情時口條清晰，執行力看起來也不錯，但總讓人有一種提心吊膽的感覺。他的能力也許沒問題，讓人卻步的，是那種無法預測的行為模式。因為你不確定他下一次是不是會突然消失、臨時請假、或在重要環節上出現沒說明過的改動。這種不確定感，不會馬上出問題，但日積月累會讓人下意識把他從關鍵流程中排除。

一個人在團隊中能否被信任，往往不只是取決於他的專業能力，而是來自一種更根本的心理認知──行為是否一致、反應是否可預測。這種穩定性，在社會心理學中被視為建構信任的重要因素。研究指出，我們在與他人互動時，會不斷根據對方過往的行為邏輯與情境反應，形成一套非正式的預期模式。這是在判斷：這個人面對突發情況時，是否

3. 態度決定深度：做事之外，還有做人

有邏輯可循？他的回應是否穩定？他的責任感是否一貫而可靠？

這種「行為可預測性」所帶來的安全感，是團隊運作中不可或缺的心理基礎。在缺乏明確說明的情境下，我們仍希望能大致掌握對方的風格與選擇方式。一個反應一致、邏輯清晰的人，即便能力不是最突出，也更容易被視為值得合作的夥伴。人們並不期待一個完美無缺的工作對象，而是傾向選擇那種「大致知道他會怎麼做」的人，因為這樣的穩定性降低了溝通成本，也提升了團隊中的心理安全感。

我曾訪談過一位在非營利組織擔任行政協作的工作者。他的職位不高，也不屬於決策階層，但整個團隊幾乎所有複雜流程都由他居中協調。活動安排、來賓接待、物資分配、跨部門通知，全都經過他手。他自己笑說：「我做的事情沒人記得，但只要我少做一件，大家就會發現。」

有一次組織臨時接到市府邀請，必須在三天內舉辦一場戶外公益說明會，所有人都面露難色。他默默接下任務，沒有任何誇張承諾，只說：「我先確認場地可能性，兩小時內回覆。」然後就是不斷確認、詢價、調用內部資源、聯絡過往合作廠商。三天後活動順利舉辦，雖然規模不大，但流程緊湊、資料齊備、人員配置妥當。主管對外表示：「我們團隊效率很高。」但內部每個人都知道：是因為有他。

第十章　讓你被看見的不是表現，而是態度

他的能力並不華麗，也沒有超強的簡報技巧，但他身上的「行動一致性」與「對回應負責的態度」，讓所有人都能安心。他並不強調自己的重要性，但他讓別人能運作順利，這份深度不是做事本身的量或難度，而是他對待每一個任務的態度──細節交代清楚、時間允諾可靠、臨時變動會主動回報。他說：「我沒辦法控制變數，但我可以控制我怎麼讓別人知道現在發生什麼事。」

如果別人要經過三次互動，才知道你會怎麼處理，那你在他人心理上的「信任建立成本」就會被拉高；反過來說，若你在很多事情上反應一致，即使你表現普通，別人也會下意識讓你進入決策與核心任務中。

這並不是說你一定要做個「不出錯的人」。沒有人能永遠不犯錯，但有些人出了錯會讓人想再給一次機會，有些人出了一次錯，整個團隊就不再把任務交給他。那中間的差異，來自你如何面對自己的出錯。

社會心理學研究中指出，信任感的建立與維持，不僅仰賴正確行為的次數，更與錯誤發生後的回應透明度密切相關。若一個人能在失誤發生時主動承認、說明情況並提出修正建議，即使失誤本身造成損害，他仍可維持在合作系統中的被信任性。這種人會被認為具有「態度穩定性」，也就是：他面對失誤的態度值得信賴。

3. 態度決定深度：做事之外，還有做人

這種心理安全感，來自可預期的回應模式。例如：他一向會提前通知延遲；他若發現事情不順利，會在處理過程中主動回報；他不讓他人臨時救火，而是在第一時間協助設計替代方案。這些行為，構成了別人對他「做人方式」的心理理解。

我後來請那位行政工作者回想：「你覺得自己為什麼總是被信任安排關鍵任務？」他想了一下說：「我不確定別人怎麼看我，但我一直的做法是 —— 我把每一件事都當作可以讓人放心的練習。就算這個任務不是我主責，我也會想，如果今天這件事出狀況，我要怎麼補位。」

這樣的態度不只體現在職場，更是人際關係中深層信任的根源。在朋友、伴侶、家庭之中，那些「可以放心講話」、「可以交代事情」、「出事第一個想到的人」，不一定是最有能力的人，卻一定是最可被信任的人。這種信任，來自態度的一致性與行為的可預期性。

真正成熟的表現，是看不出努力痕跡的穩定。那是因為經過了無數次練習，在事情發生前就已經想好對應方式。這種前置思考的態度，就是一個人行事深度的基礎。

你可以每天做很多事，也可以做出漂亮成果，但如果你的行為方式總是讓人難以捉摸，那你可能會被視為不夠可靠。而如果你能讓人知道「你會怎麼處理事情」、「你怎麼說

第十章　讓你被看見的不是表現，而是態度

話就怎麼做」、「你遇到問題會馬上處理」，那麼就算你做得沒有別人多，別人也會選擇你留下來。

這就是態度的重量。它不會出現在 KPI 報表裡，也不會讓你瞬間升官加薪，但它會決定你在每一次協作中被如何定位。做事的品質決定你當下被怎麼看，做事的態度決定你長期是否被信任。

真正決定你在人際中留下什麼印象的，不是你做過什麼事，而是你怎麼對待那些沒人逼你、沒人要求、但你仍然願意穩定達成的事。那些事才是你態度的樣子，也是你深度的證據。

第十一章
金錢與價值觀，
是我們每天的心理議題

第十一章　金錢與價值觀，是我們每天的心理議題

1. 你如何看待自己，你就會如何花錢

你花錢的樣子，其實說了很多話，只是你未必意識到它正在發聲。你選擇在什麼事上願意付錢，又對哪些事情總是精打細算，那些決定背後，不只是「划不划算」的盤算，更是「我這樣做，代表什麼」的自我定義。

有人願意每週花數百元喝咖啡，但覺得請自己吃一頓好一點的午餐太奢侈；有人會毫不猶豫為寵物換掉還能用的用品，卻常讓自己穿破舊的衣物；有人月薪有限，卻堅持給父母零用金從不延誤。這些看似理性或感性的支出選擇，其實都隱含了一個共通的心理機制：花錢，是在為自己定義什麼「值得」被照顧、被看見、被認可。

在消費心理學中，「自我一致性理論」（Self-Congruity Theory）提出了一項深具影響力的觀點：我們的消費行為，往往並非單純基於產品本身的功能價值，而是出於對自我形象的強化與確認。美國心理學家喬瑟夫・瑟吉（M. Joseph Sirgy）於 1982 年的研究中指出，個體在選擇產品或服務時，會傾向偏好那些與自身理想形象相契合的選項。這樣的選擇機制，並不只是滿足實用需求，更是一種維持自我認同穩定

性的心理運作。

　　換句話說，我們之所以願意投入金錢與時間，往往是為了維護一種對「我是誰」的心理敘事。消費行為在這個框架下，不再只是物質交換，而是自我定義與社會認同的展現方式。每一個選擇都在回應一個內在的需求：讓外在的行為與內在的形象保持一致。也因此，我們所購買的，不只是東西本身，更是一段關於自我的敘述與認可。

　　我曾訪談過一位年約四十的單親女性，她長期在百貨公司從事專櫃工作，收入不算寬裕，每月幾乎無法存下錢。但她堅持每年為女兒買兩套新的制服與一雙體育鞋，連襪子也定期更換。她說：「就算家裡再怎麼緊，我也不希望我女兒走進學校時會被人看輕。」這樣的支出，對旁人來說可能是「愛面子」，對她而言，卻是一種價值宣告。她是想讓孩子感受到「我們也可以過得體面」，這是她給自己的認同，也是她用金錢守住的尊嚴。

　　這種選擇不是單一事件，而是長期心理運作的結果。她的金錢分配，反映了她對自己「身為母親」這個角色的定義 —— 我不能讓孩子因為我而被看低。於是她在服裝、外觀與學校相關支出上毫不手軟，卻幾乎從不買新衣給自己，連冬天的大衣都穿了七八年才換。她說：「我可以冷一點，但她不能在人前抬不起頭。」這不是消費習慣，而是一種情

第十一章　金錢與價值觀，是我們每天的心理議題

感秩序的排列。

金錢支出表面上是行動，實際上是對自我角色的深度呼應。我們在不同情境下的花費優先順序，其實早已內建在我們對「我是誰」的信念裡。那些你願意花錢、願意犧牲、願意堅持的地方，其實正是你內在認同的投射。

這種現象不只發生在家庭角色中，也常出現在工作與人際中。另一位受訪者是在公家機關任職的男性，年過五十，習慣自己用老式筆記本記錄待辦事項。他每隔一段時間會去特定文具店買價格不低的手帳與鋼筆墨水。當我問他：「你怎麼會對文具這麼執著？」他說：「我不喜歡別人覺得公務人員就是鬆散應付的樣子。我花這些錢，不是因為它多高級，而是因為我覺得我每天記錄的事是認真的。」對他而言，這筆支出是一種象徵性行為，表達的是「我把工作當一回事」。

若從功能面來看，這些支出並非必要；但從心理結構來看，它們有清楚的價值定位。這些人不是為了炫耀，也不是因為無計畫，而是因為在他們的內部信念中，這些花費代表的是一種「我是怎樣的人」的堅持。他們不見得會這樣說出來，但金錢流動的方向早已說明了一切。

我們每個人其實都可以試著問自己一個問題：我最容易花錢的地方，是我最重視的身分嗎？如果答案是肯定的，那

1. 你如何看待自己，你就會如何花錢

也許代表你的金錢使用與自我一致性是整合的。但如果你的支出長期與價值觀脫節，例如為了趕流行而消費、為了社交壓力而購物、為了短暫安慰而刷卡，那你很可能正在用金錢補償某些你在其他地方無法說出口的焦慮或缺口。

現在的你有機會停下來反思：我正在用錢安撫什麼？我是否有其他方式能更直接地面對那份需求？

例如，有些人習慣透過送禮表達情感，但在內心卻常常擔心「自己是不是太煩對方了」，所以寧願花錢來「維繫關係」；有些人經常為家人買高價物品，卻對自己的需求極度壓抑，久而久之，形成一種「我只有為別人付出才有價值」的認知。這些模式都在說明一件事：你怎麼花錢，其實是你怎麼看自己。

如果你想理解自己與金錢的關係，不妨從以下幾個問題開始：

- 當我猶豫要不要買一樣東西時，我在擔心什麼？
- 有哪些花費我總是毫不猶豫？那代表我在維護什麼價值？
- 有哪些支出讓我後悔？那代表我可能在哪些地方與自己期待不一致？

第十一章　金錢與價值觀，是我們每天的心理議題

　　這些問題沒有標準答案，但能幫助你看清楚：你的金錢選擇，其實是在為你的內在秩序投票。

　　我不是要你變得更節制，也不是要你合理化所有消費選擇，而是提醒你：花錢這件事，從來都不只是市場行為，它其實是心理語言。你選擇讓什麼被照顧、什麼被犧牲、什麼被推遲，那些背後都有自我價值的排序系統。

　　最後，你可以繼續像現在這樣花錢，但你也可以開始更清楚地知道：你在傳達什麼訊息給自己。也許你會發現，有些支出不是因為你需要那個東西，而是你需要那個東西給你一種感覺。那種感覺，便是你對自己的定義方式。

　　錢花去哪裡，說明不了一個人的好壞，但能讓我們看見：在無數日常選擇裡，我們正透過金錢慢慢拼出「我是誰」的樣子。

2. 財務焦慮是心理問題

你可能會以為，擔心財務是一種很務實的情緒。畢竟，收入不夠、支出過高、帳戶裡數字太小，誰能不焦慮？但現實卻經常讓人困惑：有些人月薪不高卻活得自在，有些人收入穩定卻仍焦慮難眠。財務焦慮，看起來和「錢有多少」有關，實際上，它更常與「我能不能掌控我所面對的局面」有關。

在焦慮症與廣泛性焦慮障礙的研究中，加拿大心理學家米歇爾・杜加（Michel Dugas）於 1990 年代提出了「不確定性容忍度」（Intolerance of Uncertainty, IU）的概念，作為理解慢性焦慮形成與維持的核心機制。他指出，個體是否能夠接受未來情境中不可預測的部分，將深刻影響其焦慮程度。許多時候，真正引發焦慮的，不是事件本身的風險性，而是我們對那些無法完全掌握結果的情境，所產生的情緒不穩與認知焦躁。

這一理論機制，也能幫助我們理解財務焦慮的心理結構。當一個人無法預測下個月的收入變化、工作穩定性或突發支出的可能時，內在會啟動一種防衛性的「運算模式」：他開始頻繁查閱帳戶、列出備忘清單、模擬最壞情境、反覆

第十一章　金錢與價值觀，是我們每天的心理議題

計算現金流。這些行為看似理性，實際上是對不確定性所產生的不安所做出的應對。然而，即使再多次運算，也無法真正消除未來可能出錯的可能性。這種「控制需求與可控制性之間的落差」，正是不確定性所引發焦慮反應的根本來源。

我曾經輔導過一位自由職業者，他是一位高階視覺設計師，接案多年，月收入平均可達十萬元以上，在外人眼中幾乎是理想的斜槓典範。他自己也承認，經濟上並沒有真正的困難，但焦慮卻是每天的常態。他說：「每次案子結束之後，我都會有一種落空感，開始懷疑下個月還會不會有收入。有時即使案量排滿了，我還是睡不好，因為我不知道什麼時候這一切會斷掉。」

這樣的焦慮不是缺錢，而是來自「現況無法保證未來」的心理斷層。即使他擁有儲蓄、保險、投資，也經常花大量時間查詢市場趨勢、關注產業變動，但仍會因為對未來感到不安而拖延報價，生怕「開價錯了會失去下一個機會」。他說：「我知道自己這樣太過頭，但我沒辦法停下來。」

這類行為在臨床上常見於對不確定性容忍度較低的個體身上。他們會傾向以反覆查核、過度模擬與強化掌控的方式來回應焦慮，並非因為風險特別高，而是因為內心對於「不能確定的未來」感到失控。

焦慮的根源往往不在於風險本身，而在於我們對不確定

2. 財務焦慮是心理問題

性的容忍程度。也就是說，讓人感到困擾的，並非「未來可能出錯」這件事，而是「我們無法確定會發生什麼」，所產生的心理失控感。這樣的傾向與個體對自我能力的信念密切相關。當一個人越是難以承受變動與模糊，就越可能陷入持續性的焦慮狀態。

心理學家亞伯特・班度拉提出的自我效能理論指出，一個人對自己是否有能力完成某項任務的信念，會直接影響其面對該任務時的情緒反應與行動投入。這種信念，不僅決定我們是否採取行動，也形塑我們在面對未來情境時，能否保持內在穩定。換言之，即使一個人掌握充足的資源與條件，若他對自己「能否應對未來」缺乏信心，內在仍可能持續處於焦慮與不安之中。

焦慮，不只是對未來的不信任，更是對自身應變能力的不確定。這種交錯的心理結構，使得焦慮的解方不僅來自外在條件的保障，更有賴於個體逐步建立一種信念：無論未來發生什麼，我都有能力應對。

那麼，要如何減少這種源自不確定的財務焦慮？並不是學更多理財知識、建立更完整的預算表，就一定能解決。關鍵在於能否建立一種「心理上可承受不穩定」的結構，也就是在無法完全掌控的前提下，仍能穩定地面對當下的選擇與調整。

第十一章　金錢與價值觀，是我們每天的心理議題

舉例來說，那位自由設計師後來建立了一套「三層次收入預測表」：第一層是必需支出對應的最低接案量；第二層是平均水平下的理想收入組合；第三層則是高峰期可能出現的彈性安排。他說：「我不再追求穩定，而是知道自己有多少彈性可以運作。」

這樣的做法其實不是精算，也不是預測，而是讓他對「自己能撐多久、在哪裡能調整、什麼時候需要休息」有一套清楚的心理地圖。他說：「我不再試圖壓下焦慮，而是開始辨識它出現的規律。這讓我能夠提前調整，而不是每次都被突如其來的不安困住。」

在行為層面，也有一些具體方法能幫助人們緩和財務焦慮。以下三種策略，雖然簡單，卻能在心理上有效減少「焦慮發作時的無助感」：

第一是建立固定的金錢檢查節奏。與其每天反覆查帳，不如固定一週一次整理收支狀況，把對錢的關注「收編」到有限時間中。這不僅有助於形成預測習慣，也避免焦慮時的過度搜尋與資訊疲勞。

第二是設定「足夠的標準」，而非「最佳化策略」。焦慮者常陷入「要用最有效方式處理財務」的思維，導致決策癱瘓。設定一個心理上可接受的方案（例如：存款保持六個月生活費就不再追加），能幫助你停止無止盡的模擬。

2. 財務焦慮是心理問題

第三是面對財務對話時，練習說出具體的「我擔心的是……」句型。這比「我很焦慮」更能讓你辨識問題核心。例如：「我擔心萬一家人突然生病時我沒準備好」，這種具體化能使你從情緒轉向行動層次思考，也有助於與伴侶、家人或諮商者建立真實的溝通。

這些方法的本質，比起讓你不再焦慮，更是讓你不會在焦慮來時被吞沒。當你能說清楚：「我現在的焦慮不是因為錢不夠，而是我不知道該怎麼處理未來的不確定」，你就已經走出了混亂的第一步。

最終，我們都需要學會在「不確定仍存在」的情況下生活。因為生活從來不是一張完美的收支平衡表，而是無數變動中所建立的選擇能力。你無法讓所有事都如預期發生，但你可以讓自己在仍保有一些心理上的清楚認知：我知道自己擔心什麼，我也知道我能做些什麼。

焦慮不是錯，也不代表你太弱。它只是提醒你：在面對未知時，你渴望掌握方向感。這份方向感，靠的不是賺到多少錢，而是你能否重新整理你與「未來」之間的關係。

第十一章　金錢與價值觀，是我們每天的心理議題

3.　金錢是價值實踐的工具

　　人們常常覺得，錢能決定我們的自由。某種程度上而言，這句話並沒有沒錯，錢的確能買到時間、空間與便利。但是問題在於，當錢變成唯一衡量標準，我們也會逐漸忘記自己原本想要的是什麼樣的生活。當金錢從一種工具變成終點，人就容易失去方向。

　　在社會心理學中，「相對剝奪理論」（Relative Deprivation Theory）提供了一個關鍵視角來理解人們對滿足感與不滿情緒的形成機制。這項理論最早由美國社會學家山繆‧斯托福（Samuel Stouffer）於1949年提出，他在對二戰美軍進行的實證研究中發現，士兵對自身處境的感受，往往並不取決於他們實際獲得了什麼，而是來自他們與周圍人比較之後所產生的心理落差。換句話說，人在意的不是資源本身的絕對量，而是「在比較之中，我應該擁有什麼」。

　　這一觀點後來被進一步發展為相對剝奪理論的核心架構，指出：個體若覺得自己在資源、待遇或機會上被「相對剝奪」，即使客觀條件尚可，也可能產生強烈的不滿、焦慮甚至敵意。這種心理機制在財務感受上表現得尤其明顯。人們對「我有沒有錢」的主觀感知，常常並非基於能否生活得

3. 金錢是價值實踐的工具

下去,而是取決於「別人是否比我有更多」。當橫向比較成為判斷的主軸,即使財務現況穩定,也可能因為相對劣勢感而感到不足與壓力。

這也說明了,為何某些客觀收入不高、但生活結構穩定的人,反而能夠維持心理上的安全感。不是因為他們擁有更多,而是因為他們的比較範圍清楚、期望設定合理,進而減少了來自落差的情緒動盪。

這種心理比較機制在現代資訊環境中被不斷強化。社群媒體、職場論壇、網路財經影片,每天都在傳遞「更多才夠好」的訊號。有些人本來對收入狀況感到踏實,但看多了「35歲財富自由」的文章,便開始質疑自己的進展速度是否落後;有些人本來對穩定工作感到滿意,但看到朋友跳槽年薪翻倍的分享,就開始動搖自己的選擇值不值得。久而久之,我們的金錢目標就不是從內在需求出發,而是來自對外界的追趕焦慮。

這樣的焦慮會讓人把金錢本身當作目標,卻忘記錢應該是用來實現什麼。最終,錢不再是選擇的條件,而成為決策的指令。這種狀態讓我們做出一些「短期看來合理,但長期來看不一定忠於自己」的選擇。像是放棄陪伴小孩的時間換高收入、進入不適合的行業只為穩定性、持續追逐外部報酬卻忽略內在消耗的程度。

第十一章　金錢與價值觀，是我們每天的心理議題

我曾訪談過一位中年轉職者，過去在大型廣告公司擔任策略總監，收入優渥、生活多彩，但在一次長期過勞後，他選擇離開職場，進入一間在地非營利機構擔任行政與資源整合工作。收入不到過去的一半，工作內容也遠不如以前光鮮。他坦言剛轉換時非常不安，身邊朋友紛紛替他惋惜，甚至勸他「先撐一下，過幾年再回去」。但是他說：「我不想再讓我所有的時間，都只是為了證明我能賺錢。」

他分享了一段經歷：某天他幫一位低收入戶家庭安排醫療資源轉介，並協助他們申請補助。在繁瑣的流程後，家長傳來一封訊息：「謝謝你，我原本完全不知道怎麼求助。」他說，那一瞬間他才真正理解自己換工作的原因：「我還是在動腦、解決問題、完成事情，只是這次是用我的方式。」

這樣的價值轉向過程並不容易。他提到，剛開始接觸非營利領域時，最大的挑戰不是薪資差距，而是身分落差。「我花了好一陣子才願意大方地說出我現在在做什麼。以前講出來別人都會說哇，現在講出來大家只點點頭。」這段心理調適過程，是他重建金錢與價值關係的核心。他說：「後來我發現，我不是想能賺多少就賺多少，而是想賺得剛好可以支持我想做的事。」

這樣的思維轉向，反映的是一種更穩定的內在驅動形式：個體對自身行動選擇重新取得心理上的主導權。這並非

來自意志力的強化,而是來自行動本身與內在價值的整合。一個人若能明確知道「這件事為什麼對我重要」,即便外在條件變動,行動的動力仍較不易中斷。

1999 年,心理學家肯農‧謝爾登(Kennon M. Sheldon)與安德魯‧艾略特(Andrew J. Elliot)針對「價值一致性」進行實證研究,發現當人們所設定的目標與個人核心價值契合時,不僅更能持續投入,也表現出更高的心理穩定度與生活滿意感。這類目標不一定容易、也不總是效率最優的選擇,但它們之所以具有韌性,是因為行動與自我意義的連結,能夠在過程中持續提供心理補給,讓人在尚未達成前就已獲得方向感與意志的支持。

這解釋了為什麼有些人明明擁有資源與條件,卻難以長期維持投入。他們所設定的目標雖具吸引力,卻與自身價值相距甚遠,缺乏內部認可所帶來的支持系統。尤其在面對挫折或遲滯時,這種「價值不一致」的目標更容易被捨棄,因為個體無法在行動中找到心理上的合理性與意義歸屬。長期來看,這類落差會使人對目標本身產生疲乏與疏離,並誤以為自己缺乏動機,實則只是缺乏一個與自己站在同一陣線的理由。

這同時也說明了,為什麼有些人選擇不升職、有些人選擇離開高薪工作、有些人選擇回鄉創業或參與低報酬志業。

第十一章　金錢與價值觀，是我們每天的心理議題

他們不是拒絕錢，也不是貶低賺錢的意義，而是在資源分配與生命定位之間，找到了自己更願意堅持的選項。這樣的選擇建立在「我知道什麼是對我有意義的」這件事上。

如果你想更清楚地理解自己與金錢的關係，或許可以從這些問題開始思考：

◆ 我努力賺錢，是為了什麼樣的選擇？
◆ 有哪些支出，讓我覺得「這筆錢花得值得」？
◆ 有沒有一些收入，其實讓我感到心理上的負擔？
◆ 我的金錢使用方式，有沒有反映我真正重視的事？

這些問題可以協助你辨識：你現在的金錢流動方式，是否還服務著你的核心價值，還是早已偏離初衷。

實際上，這樣的檢視也能幫助你做出更多勇敢的選擇。有位熟識的年輕工作者，過去長期承接外包案過活，收入雖不穩定，卻能支應生活。他後來選擇每月固定捐出收入的5%給一個支持庇護動物的團體。我問他：「你不怕之後收入不穩嗎？」他說：「我怕，但這是我選擇對世界負責的一種方式。」對他來說，這筆支出不是犧牲，而是確認「我想成為怎樣的人」的具體作法。

這樣的思維，不會讓你變得輕忽財務，也不會讓你天真面對現實。它只是讓你不再讓錢牽著走，讓你有能力問：

3. 金錢是價值實踐的工具

「我拿這筆錢,是要去完成我的哪段人生?」當這個問題浮現,金錢的角色就會清楚許多:它不是目標,它是媒介;它無法衡量你值不值得,而是幫你實現那些你真正想要活出的價值。

你不需要急著給自己一套新的理財觀念,也不必全盤推翻你現在的工作選擇。你只需要記得:你正在用你的方式、你的金錢,為你的價值投票。

第十一章　金錢與價值觀，是我們每天的心理議題

第十二章
活出自己,不需要被別人定義

第十二章　活出自己，不需要被別人定義

1. 不迎合，不反抗，而是成為你自己

有些人活得很小心，不讓別人失望、不讓氣氛尷尬、不讓事情難做。他們總是先觀察，再回應；先判斷，再表態。這樣的人，表面上看起來體貼、懂事、理性，實際上內心常感到疲憊，因為他們每一個選擇，都不是從自己出發，而是從「怎麼讓對方比較好接受」開始思考。

也有一些人，長期壓抑後學會了反抗。他們對權威抗拒、對限制敏感、對任何「應該」都充滿戒心。他們不想再當那個好配合的人，於是決定反過來對抗每一種期待。看起來更接近他們所謂的「做自己」，但實際上，他們仍然受外界定義所影響，只是改由反方向行動。

無論是過度迎合還是過度對抗，真正缺席的都是「清楚知道自己是誰、想怎麼做」這件事。很多人以為自己在「做自己」，其實只是從順從的回應者變成了反動的否定者，內在仍然缺乏穩定的主體感。

自我分化這個概念雖然源自家庭系統理論，但其意涵早已延伸至個體在各類關係中的心理表現。一個人在高度情緒

互動中是否能保有思考能力、在親密之中仍能做出自主選擇，往往不是靠意志撐起來的堅持，而是取決於內在是否具備足夠的心理分化結構。

分化程度較高的人，即使身處關係中的壓力或期待，也能辨識哪些情緒屬於自己，哪些是來自他人的投射。他們不急於回應、不輕易自責，能從模糊的情緒中抽出清晰的界線，維持判斷與節奏。而當分化程度較低時，個體往往會在他人情緒高漲時陷入過度反應，或者過度承擔，不是迎合就是斷裂，難以持續表達真實的自己。

這樣的差異，不僅反映在情緒強度上，更影響一個人在關係中的主動性與選擇感。分化高的人能在互動中保留選擇的空間，而不會被情緒推著走；他們所建立的關係，也更可能穩定且具有深度，因為它不是建立在逃避、依附或對立上，而是來自清楚的內在定位。

我曾訪談過一位女性，她是家中最小的孩子，也是唯一考上公立大學的子女。從小，她就是被稱讚的那一個，「功課從來不用我們操心」、「她最知道該怎麼幫忙」。她學會了看臉色說話、提早處理問題、不讓爸媽擔心。這樣的角色在一個家庭中看似完美，但是她說：「我很多年都搞不清楚我到底喜歡什麼。我選科系、選工作，都是選那種會讓人放心的。」

第十二章　活出自己，不需要被別人定義

真正讓她開始覺察，是她在職場轉換時遇到的困境。她說：「我當時有一份待遇不錯的公職，但我對那份工作沒有熱情。我想轉行到教育領域，可是一想到家人會怎麼看我，我就會想：那乾脆再撐一下好了。」這種「再撐一下」的想法反覆出現，成為一種習慣。她說：「有時候我也分不清，到底是我不敢動，還是我真的不想動。」

她的心理運作長期依賴「環境是否認可」來當作選擇依據。她知道怎麼配合、怎麼讓人滿意、怎麼維持和諧，但從未被教導過：怎麼去辨認自己的想法、怎麼承擔自己的喜好、怎麼安置自己的不同。

這種心理上的動搖，往往源自於內在定位的不穩定。心理學家珍妮佛・坎貝爾（Jennifer D. Campbell）與其研究團隊在 1996 年提出的「自我概念清晰度」（self-concept clarity）概念，正是用來描述一個人對自己是誰、相信什麼、重視什麼的認知程度——也就是自我特質是否清楚、一致，並且不容易隨外在變化而動搖。

當一個人對自己的價值觀與信念結構缺乏穩定感時，他在面對他人期待、選擇壓力或情緒張力時，往往會陷入不確定與依附的狀態。他可能無法迅速做出判斷，或在別人的意見之間左右搖擺，甚至需要透過外界的反應來確認自己的立場。這是因為內在沒有足夠明確的自我參照系統，無法在他

情緒混亂時,提供進行重新整合與行動判斷的依據。

相對地,自我概念清晰度高的人,雖不必然排除困惑與情緒波動,卻能較快回到一個穩定的心理原點。他們在工作轉折、關係碰撞或自我懷疑的時刻,依然能維持行動的方向感,因為他們不是只看當下的反應,而是持續對照自己所相信的核心價值。

我後來協助那位女性建立了她自己的價值系統記錄方式。我們用一張紙分成三欄:一欄寫下「這是我一直做的事」、一欄寫下「這是我曾經猶豫的選項」、第三欄則是「如果沒人知道,我會怎麼選」。這張紙可以幫她開始練習把自我從他人的框架中分化出來。她說:「我第一次認真問自己,如果沒有人在看的話,我會怎麼活。」

這句話不是理想化的「不要管別人怎麼想」,而是一種對「自己的聲音」的辨識與重建。她沒有立刻辭職,但是她開始報名週末的教育課程,並每週給自己一個行動任務:寫下這個選擇帶給她的感受與想法。這樣的過程看似緩慢,實則是「自主性」的重新發動。

在自我分化理論中,有一個關鍵特徵是:「你可以在不切斷關係的情況下,做出與他人不同的選擇。」這是一種穩定地維持自我與關係並存的能力。當你說出「這是我目前的想法」時,你不是在對抗,而是在描述;當你選擇不順從某

第十二章　活出自己，不需要被別人定義

種期待時，你不是在背叛，而是在調整自己參與的方式。

真正的自我感並不來自極端的順從或拒絕，而是來自你能不能在複雜的人際動態中保持內在的清楚。這種清楚不一定等於堅持己見，而是你知道你為什麼想這樣選、你可以承擔這個選擇會帶來的影響、你不必靠討好或否定來維持自我存在感。

你可以溫柔地說「我想不同」，也可以平靜地說「這次我不選擇加入」，也可以安靜地做出與眾不同的安排。這些都是自我分化與自我清晰的具體展現。

有些人總以為，真正做自己的人很突出、很衝撞、很有主張。但在我看來，真正穩定的「做自己」往往是不驚擾別人，卻又明確保有自身界線的人。他們不需要用態度證明什麼，只需要在每一個行動裡，保留自己的想法與節奏。

當你開始能夠這樣對自己說：「我知道這是別人希望我做的，但我更在意我選擇的是什麼」，你就開始為自己的人生建立一個新的方向感。

你會發現，當你不再害怕與別人不同、不再需要靠迴避衝突來維持和諧，也不再把自我放在別人的期待底下計算時，那種穩定會讓你做事更有信心、說話更有分量、生活也更有節奏。

1. 不迎合，不反抗，而是成為你自己

這並不是一種性格轉變，而是一種了解自己、整理自己、信任自己選擇的能力。而這份能力，正是你能走得長遠、站得穩定的根本。

第十二章　活出自己，不需要被別人定義

> ### 2. 找到你真正重視的，才能走得久

有些努力，其實很難持久，因為那件事也許本來就不在你在意的範圍內。你可能可以逼自己一時，但是撐不了太久。這不是意志力的問題，而是從一開始就沒有好好確認，你是為什麼而做。

在動機心理學的研究中，有一項觀點被反覆驗證：人們要能夠長期、穩定地投入一件事，前提是這件事與他們內在的價值系統有所連結。如果行動只是出於外部壓力、短期回報，或是一時的焦慮與補償需求，那麼這樣的動力雖可能在初期推動行動，卻往往難以支撐過真正的阻礙與低潮，也不容易帶來持續性的滿足感。

心理學家肯農‧謝爾登與安德魯‧艾略特於 1999 年的研究清楚指出，當一個人所設定的目標與其核心價值一致時，更容易在情緒上感受到投入的意義與認同感，並展現出更高的行動穩定性與堅持力。他們並強調，這種一致性不只提升了努力的品質，也與心理健康與長期幸福感呈現顯著正相關。

2. 找到你真正重視的，才能走得久

這不只是理論上的假設，而是可以在許多真實情境中觀察到的現象：在職涯中，真正能長期投入且感到成就的人，往往並非選擇了報酬最高的選項，而是選擇了與自己價值觀最契合的領域；在親密關係與學習歷程中也是如此。當行動方向與內在信念重疊，那種穩定的動力，不需要被提醒和被說服，因為那本來就是他願意走的路。

我曾經訪談過一位女性，她原本就讀國內頂尖理工科系，大學期間連續三年拿書卷獎，也曾在國際競賽中代表學校參加海外比賽。她說，選這個科系一開始只是因為「成績落點剛好」、「父母也覺得這領域有未來」。但是從大三開始，她越來越難專注在課堂與實驗中，後來雖然順利畢業，卻對未來充滿遲疑。

她說：「我一直以為我只是累了，可是越到後期我越發現，是我不想再花時間做我沒有感覺的事。」當時她一邊準備研究所考試，一邊在校內社團協助推動偏鄉教育推廣計畫。她發現：「每次跟那些孩子互動時，我才會覺得我做的事有意義，而不是只是在做一個題目、解一個問題。」

這個轉變對她來說不是逃避，而是她第一次開始思考：我真正想要做的事，跟我現在做的這些，有沒有關係？她後來沒有繼續念研究所，而是進入一個社會企業型態的教育推廣組織，擔任教案設計與資源媒合工作。收入明顯比同屆理

第十二章　活出自己，不需要被別人定義

工背景的朋友低，但是她說：「我也在乎錢，但如果要我花一輩子盯著那些公式，我會覺得我錯過了很多別的東西。」

她分享過一段她常用來確認自己的方法：「每次我開始懷疑自己是不是該回去走原本那條路時，我就問自己：我現在做的事，是不是我願意再做十次的？如果答案是肯定的，那我就知道，我沒有跑偏。」

這樣的提問，其實就是一種價值一致性的自我校準。在社會心理學家沙洛姆・施瓦茨（Shalom H. Schwartz）所提出的「價值理論」（Schwartz Value Theory）中，人類的核心價值被歸納為十個主要類別，這些價值被視為跨文化皆具普遍性的行為動機結構。這十項基本價值包括：自主性（Self-Direction）、刺激（Stimulation）、享樂（Hedonism）、成就（Achievement）、權力（Power）、安全（Security）、順從（Conformity）、傳統（Tradition）、仁慈（Benevolence）與普世關懷（Universalism）。

這些價值類別不僅用來描述個體對「什麼是重要的」的偏好，也會實際影響我們的選擇傾向、行為習慣與目標設定。舉例來說，一個高度重視自主性的人，可能會傾向選擇具備創造空間的工作型態；而將安全視為首要價值的人，則可能更重視穩定、可預測的生活條件。這套理論的研究基礎已被廣泛應用於職涯規劃、跨文化比較、教育制度設計與公

2. 找到你真正重視的，才能走得久

共政策領域，顯示核心價值並非抽象信念，而是塑造我們日常選擇邏輯的重要心理變項。

如果你所從事的工作、維持的人際關係、或正在投入的目標，與你最重視的價值不一致，那麼你就會經常出現這種情緒落差：事情沒做錯，卻做得很空；人際互動沒出問題，卻總感覺少了什麼；成就有了，卻無法帶來穩定的滿足感。

這代表你還沒有確認自己的心理排序。你可能真的很重視創造性，但卻被安排在穩定而重複的任務中；你可能很看重人際交流，但每天面對的是獨自解決問題的角色；你也可能對安全感有高度需求，卻在一個持續變動且目標不明的環境中生存。這些錯位不一定會立刻爆發，但會慢慢消耗你的內在能量。

很多人會以為自己是「撐不下去」，但其實是撐的那條路本來就不是自己想走的方向。如果你願意花一點時間整理，你會發現，那些讓你願意不計代價投入的事，幾乎都有一個共通點：它跟你在意的價值有關。

我曾經請幾位感到職涯迷惘的人做過一個練習：列出最近三件讓你感到投入、專注或成就感的事，不論大小；然後嘗試拆解這些經驗背後的價值。結果發現，有人發現自己在寫志工報告時特別用心，是因為他重視回饋與責任感；有人發現自己在幫同事處理跨部門溝通時特別有感，是因為他重

第十二章　活出自己,不需要被別人定義

視協調與影響力;也有人發現自己在教小孩做功課時比在開會還有熱情,是因為他對教學與理解過程感到興趣。

這些價值,不是你做什麼事才會有,而是你在做事的時候自然浮現。當你清楚知道自己真正重視什麼,你就能做出更明確的選擇,也更能接受過程中的困難與不確定。因為那條路不是別人要你走的,是你自己選的。

有人會問:怎麼知道自己重視的價值是什麼?其實最簡單的方法,就是觀察自己願意反覆做的事情。不是那種做完很興奮的事,而是那種「就算做完很累,但若重來一次,你仍然會選擇做」的事。那種願意重複的行動,往往是價值感最深的位置。

有一位曾經轉換職涯三次的朋友曾說過一句話,讓我印象很深:「我不是在找一份完美的工作,我只是在找一份讓我不會懷疑我為什麼要這麼累的工作。」那句話聽起來樸實,但卻道出了價值一致性的核心。

因為當你真正在乎某件事,你就會願意為它付出時間、調整步伐、承受壓力。不是因為你不怕累,而是你知道,這件事值得你這樣做。

這樣的選擇不會讓你少受挑戰,也不會保證你一路順利。但它會讓你在面對困難時,不會那麼快質疑自己;在遇到挫折時,不會那麼容易動搖方向。因為你清楚:你不是為

2. 找到你真正重視的，才能走得久

了誰、為了證明什麼才走的。

每一段穩定的人生軌道背後，都有一組清楚的價值排序。當你還沒釐清這個排序時，你的腳步會很容易被環境牽動、被他人意見左右、被焦慮推著走；相反地，當你的價值排序明確時，就算別人不懂，就算短期得失不如預期，你也能在自己的節奏裡前進。

這不會讓生活變輕鬆，但會讓你的選擇變得踏實。你不再只是去符合外界對「好工作」、「好生活」的定義，而是開始建立屬於自己的評量方式。你知道你走的這條路，不是最快的、也不是最穩的，卻是你覺得最值得走下去的。

第十二章　活出自己，不需要被別人定義

3. 成為自己人生的設計者

很多人以為，「做自己」是一種性格，是天生就有的特質。有些人果敢、有主見、走自己的路，好像天生就知道自己要什麼。也有人總是在別人之後行動，不確定自己喜歡什麼、想要什麼，於是說自己「還在找方向」。但真實的情況是，大多數人的自我感並不是「找到的」，而是「慢慢建立出來的」。

我們習慣把「自我」想像成一個內在的核心，好像它存在某處，只要努力挖掘，就能找出真相。但是心理學與行為設計的研究顯示，自我其實更像是一組不斷被修正與選擇的系統。它不是靜止的本質，而是由一連串日常決定組成的結構——你怎麼安排時間、怎麼回應邀請、怎麼處理困難、怎麼分配精力，這些都在逐漸定義你是誰。

美國史丹佛大學的教育學者比爾・柏奈特（Bill Burnett）與戴夫・埃文斯（Dave Evans）在《設計你的小日子》（*Designing Your Life*）一書中提出：「人生不是被解答的問題，而是可以被設計的原型。」他們主張與其追求單一正解，不如用設計思考的方式去安排生活。這個想法其實很簡單：當你不知道自己想成為什麼樣的人時，不要光想，要先動手安排出

3. 成為自己人生的設計者

幾種版本的生活去試。

我曾協助過一位男性，他在四十多歲時因企業組織重整被資遣，原本擔任的業務主管職位在市場上需求急遽下降。他原本以為自己有多年資歷，不難找到新工作，但半年過去、履歷無聲、面試失敗，讓他逐漸陷入自我懷疑。他說：「剛開始還會每天準時起床、換衣服模擬上班，後來乾脆連鬧鐘都不設了。」

他失去了生活的節奏。時間開始模糊、重心開始鬆散，晚上滑手機到很晚，早上起來沒有動力吃早餐。連去投履歷，都覺得好像在應付。他說：「我知道不能這樣，可是我實在不知道怎麼安排自己的每一天。」

我們沒有馬上討論工作策略，而是從建立生活結構開始。他開始每天固定時間出門散步，即使沒有目的地，也要換衣服、出門、繞一圈。他重新設定早上閱讀新聞的時間，並記錄下每次閱讀後的一句心得。後來他參加了市民大學的課程，每週固定上兩堂課，逐步讓自己的時間回到一種「我知道現在該做什麼」的狀態。

他說：「那時候我還是沒有新工作，但我至少知道，我還可以安排我自己的生活。」

這樣的過程，就是生活設計思維中所說的「創造選擇條件」。當我們把生活視為可以被設計的東西，我們就不再依

第十二章　活出自己，不需要被別人定義

賴靈感或自我覺醒，而是從可控制的片段中開始做改變。我們不必一次找出答案，可以先建立幾個「我可以怎麼安排自己」的樣式，再觀察哪一種讓自己比較穩定。

這裡所謂的「穩定」，並不是情緒上的平靜，而是「有一個結構可以支持自己運作」。當你早上醒來知道今天有兩件事是你自己排進去的；當你面對突發狀況知道自己有替代方案；當你回顧這週的安排，發現至少有幾個片段是在你可接受的節奏裡完成的，這些感覺，會讓你慢慢回到主動生活的狀態。

「心理靈活性」（psychological flexibility）是近年行為心理學與接納與承諾治療中的核心概念。它指的是：當個體面對情緒波動或外界壓力時，是否仍能依循自己真正重視的方向做出選擇，而非被情緒牽引、陷入慣性反應，或只是逃避眼前的不適。

這項理論的重點，不在於一個人能多快平復情緒，也不在於是否足夠堅強，而在於是否具備一種能力：即使內在感受仍然混亂不穩，依然能辨識出什麼是自己想堅持的方向，並願意為之行動。簡而言之，心理靈活性是一種在情緒與價值之間建立調節通道的能力，它讓人不再只是被動地應對當下，而能有意識地回到自己所選擇的路徑。

ACT 理論強調，真正的韌性不是排除痛苦，而是在痛

苦中仍能接近你所重視的事物。這也是為什麼提升心理靈活性，已成為當代臨床介入、壓力管理與個人成長領域中極為關鍵的策略方向。

那位求職者後來跟我說：「我還是會焦慮、會有那種不知道下一步在哪裡的感覺。但有個差別是，我的生活現在有幾個地方，是我自己排進來的。那些不是別人要求的，也不是非做不可的事，純粹是我決定要做的。」

這種「放進來」的行為，其實就是價值導向的生活設計。你知道你沒辦法完全掌控，但你也不再讓事情全數擠滿你。你開始問：「我今天能不能保留一點空間給我自己？」、「我可不可以不要再推掉所有我想做的事？」、「我是不是可以在不得不照顧別人的同時，也安排一個不會讓我耗盡的方式？」

問出這些問題的那一刻，你就已經不再是任由安排的人，而是一個重新參與自己生活設計的人。

這份節奏感，會帶來一種很實際的穩定感。不是什麼人生哲理，而是當別人問你「最近好嗎？」時，你能真的回答「我知道我在做什麼」。

當你開始用這種方式設計自己的生活，哪怕只是從一週一個行動開始，你也會慢慢建立一種屬於自己的生活感。不再只是應付、不再只是完成任務，而是真的有在做出選擇的感覺。

第十二章　活出自己，不需要被別人定義

有些人以為人生設計要從志向、目標、未來願景開始，其實不然。真正持久的設計，往往來自日常裡那些你不想再委屈、你希望能參與、你想改變一些的念頭。你不用一次完成全套改變，只需要一次次地安排：這件事對我來說值不值得？這段時間我有沒有保留什麼給自己？這份選擇是不是符合我現在的承受範圍？

這樣的思維，是設計，也是一種自我建立的過程。你不再等別人給予你空間，而是開始自己畫出空間；你不再靠外界定義你應該怎麼過日子，而是開始練習怎麼安排、怎麼取捨、怎麼保留。這是一種清楚安排生活節奏的能力。

到了某個階段，你會發現，「做自己」不再是個口號，而是一種行動習慣。你會對自己的生活有清楚的掌握感，這並不代表你就可以掌控一切，但是你會知道，你每天做的安排，都在建立你願意長期維持的樣子。

別再只是這個世界的參與者，你是你人生結構的設計者。

3. 成為自己人生的設計者

國家圖書館出版品預行編目資料

情緒使用說明書,理解才是修復的第一步:看見情緒 × 理解壓力 × 重建穩定⋯⋯從反覆焦慮與疲憊中脫身,建立有韌性的內在支持系統 / 杜若蘅 著. -- 第一版. -- 臺北市:財經錢線文化事業有限公司, 2025.07
面; 公分
POD 版
ISBN 978-626-408-298-3(平裝)
1.CST: 情緒管理 2.CST: 自我實現 3.CST: 生活指導
176.52　　　　　　　114008150

電子書購買

爽讀 APP

情緒使用說明書,理解才是修復的第一步:看見情緒 × 理解壓力 × 重建穩定⋯⋯從反覆焦慮與疲憊中脫身,建立有韌性的內在支持系統

臉書

作　　　者:杜若蘅
發 行 人:黃振庭
出 版 者:財經錢線文化事業有限公司
發 行 者:崧燁文化事業有限公司
E - m a i l:sonbookservice@gmail.com
粉 絲 頁:https://www.facebook.com/sonbookss/
網　　址:https://sonbook.net/
地　　址:台北市中正區重慶南路一段 61 號 8 樓
8F., No.61, Sec. 1, Chongqing S. Rd., Zhongzheng Dist., Taipei City 100, Taiwan
電　　話:(02) 2370-3310　傳　真:(02) 2388-1990
印　　刷:京峯數位服務有限公司
律師顧問:廣華律師事務所 張珮琦律師

-版權聲明-

本書作者使用 AI 協作,若有其他相關權利及授權需求請與本公司聯繫。
未經書面許可,不可複製、發行。

定　　價:330 元
發行日期:2025 年 07 月第一版
◎本書以 POD 印製